Charles Gerras

ROHKOST

Frisch
gesund
köstlich

pala-verlag gmbh

Die Originalausgabe erschien 1980 bei
Rodale Press Inc. unter dem Titel:
Feasting on raw foods

ISBN: 3-923176-59-7

2. Auflage 1994

Lektorat: Christine Waßmann
Illustrationen: Margret Schneevoigt
Titelgestaltung: Atelier Heine, Mühltal
Druck: Fuldaer Verlagsanstalt GmbH

Dieses Buch (Innenteil und Umschlag) ist auf
Recyclingpapier aus 100% Altpapieranteilen gedruckt.

Inhalt

Warum Rohkost?

Wer — im ganz wörtlichen Sinne — „auf den Geschmack" kommen will, für den gibt es einen einfachen, aber wirkungsvollen Rat: Seltener den Küchenherd bemühen und stattdessen einfach mal ausprobieren, was alles auch gut schmeckt, ohne daß es vorher *ge*kocht und *zer*kocht wurde. Wer einmal junge Erbsen frisch aus der Schale gegessen hat, der wird für fadgrünes Erbsengemüse nicht mehr viel übrig haben. Und wer einmal bewußt den Geschmack roher knackiger Karotten mit dem gekochter vergleicht oder entdeckt hat, daß Brokkoli und Blumenkohl roh zubereitet ganz neue „Geschmackswelten" eröffnen, wird sie bald nicht mehr missen wollen, die rohen Köstlichkeiten.

Man muß ja nicht gleich zu einem „Rohkostfanatiker" werden, der gar nichts anderes mehr ißt. Aber einen Blick über den Tellerrand der spärlichen Salatbeilage zu riskieren, ist allemal lohnend. Und warum nicht mal an einem heißen Sommertag ein komplettes Menü „rohköstlich" bereiten, mit *kalter Zucchinisuppe, großem Salatteller, Frischkäsebällchen und Sprossenkonfekt?* Oder ... oder ... oder.

Willkommen in der Welt der Rohkost, mit der jede Küche vielfältiger, bunter, frischer und gesünder wird. Wir zeigen Ihnen, daß Rohkost nun wirklich mehr ist als grüner Salat!

Rohkost — was gehört dazu?

Das ist eine Frage, auf die es keine eindeutige Antwort gibt. Erst einmal sagt uns ja der gesunde Menschenverstand, daß *roh* gleichbedeutend ist mit *nicht gekocht* oder *nicht erhitzt*. Danach würde Rohkost also *alle* rohen Nahrungsmittel umfassen. Und das stimmt nur zum Teil. Es gibt nämlich einerseits bestimmte Nahrungsmittel (z.B. grüne Bohnen, Sojabohnen), die unerwünschte Stoffe enthalten, denen man nur durch Erhitzen zu Leibe rücken kann; andererseits verbindet sich Rohkost in unserer Vorstellung meist nur sehr schwer mit Fleisch oder Fisch, sondern viel eher mit einer vegetarischen Lebensweise.

Eine andere Antwort auf die Frage, was Rohkost eigentlich ist, bringt die Temperatur mit ins Spiel. Danach gehört alles dazu, was nicht über *60 Grad* erhitzt wurde. Temperaturen, die über dieser Grenze liegen, bewirken in vielen Nahrungsmitteln Vitaminverluste und mindern den biologischen Wert von Eiweiß.

Wir verstehen Rohkost als frisch zubereitete pflanzliche Nahrung auf der Basis von ungekochtem Getreide, frischem Gemüse und Obst. Zur Zubereitung werden Säfte, kaltgepreßte Öle und Sauermilchprodukte verwendet. Es gibt einige wenige Zutaten in diesem Buch, die im strengen Sinne nicht „rohköstlich" sind (z.B. *Tofu*, der aus gekochten Sojabohnen hergestellt wird). Wir wollten darauf nicht verzichten, weil auch diese Zutaten gesund sind und dem ein oder anderen Gericht noch den letzten Pfiff geben.

Früher...

Darüber, *was* der Mensch im Laufe seiner Entwicklungsgeschichte so alles gegessen hat, gehen die Expertenmeinungen nach wie vor auseinander. Die einen sagen, die Vorfahren des Menschen hätten sich rein pflanzlich ernährt, andere sind der Überzeugung, daß der Mensch — zumindest in der Periode der Jäger und Sammler — zu einem großen Teil tierische Nahrung zu sich genommen hat. Plausibel und gut begründet scheint die These, daß die artgemäße Ernährung des Menschen aufgrund seiner Gebißstruktur und seiner Darmlänge eine gemischte, jedoch überwiegend pflanzliche ist.

Über eines bestehen allerdings keine Zweifel: Bis vor rund 200 000 Jahren aßen Menschen ihre Nahrung ausschließlich *roh*, weil ja erst das Feuer möglich machte, Nahrung vor dem Verzehr zu erhitzen. So wird Rohkost denn auch oft als die *Urnahrung* des Menschen bezeichnet.

In den vielen Jahrtausenden, die folgten, spielte unerhitzte Nahrung dann so gut wie überhaupt keine Rolle mehr. Ab und zu wurde vielleicht ein bißchen frisches Obst gegessen, ansonsten aber alles mehr oder weniger „totgekocht". Die meisten Menschen waren ganz einfach der Ansicht, ungekochte Nahrung sei der Gesundheit abträglich. Dies mag eine gewisse Berechtigung gehabt haben, weil viele Krankheitserreger noch unentdeckt oder unerforscht waren und das Erhitzen der Nahrung als sicherste Vernichtungsmethode angesehen wurde. Erst gegen Ende des 19. Jahrhunderts begann ein allmählicher Sinneswandel. Es war die *Lebensreformbewegung*, die sich gegen die negativen Auswirkungen des entstehenden Industriezeitalters wehrte und die Stärkung der Gesundheit durch den sinnvollen Umgang mit dem eigenen Körper, die Anwendung von Naturheilverfahren und eine gesunde Ernährung propagierte. Und zu einer gesunden Ernährung zählte für die Lebensreformer auch ein großer Anteil Rohkost.

Der Schweizer Arzt *Dr. Max Bircher-Benner* (1867 bis 1936), selbst Lebensreformer, ging noch einen Schritt weiter. Entgegen der landläufigen Meinung, die beste Kost für Kranke oder Genesende sei die berühmte Kraftbrühe, verordnete er Rohkost als Heilnahrung. Allein der Rohkost schrieb Bircher-Benner „lebensfördernde und heilende Kräfte“ zu. Über einen bestimmten Zeitraum hinweg bekamen seine Patienten sogar ausschließlich roh zubereitete Nahrung, frisch gepreßte Säfte, ungesüßtes Obst, Rohkostgemüseplatten und Müslis. Die Erfolge, die er erzielte, waren beachtlich.

...und heute

In der Ernährung vieler Menschen spielt Rohkost auch heute noch eine vergleichsweise unbedeutende Rolle. Der Rohkostgenuß beschränkt sich noch immer auf die gelegentliche Salatbeilage und ein bißchen Obst. Aber es gibt auch mehr und mehr Menschen, die sich zu ausgesprochenen „Rohkostschwelgern“ entwickelt haben. Zu verdanken ist das einem neuen Ernährungsbewußtsein und der Hinwendung zur Vollwerternährung. Sie rät, rund ein Drittel bis zur

Hälfte der täglichen Nahrung unerhitzt zu essen. *Werner Kollath* (1892 bis 1970), der Begründer der Vollwerternährung empfahl, auch Getreide in roher Form zu essen. Der Frischkornbrei, bestehend aus frisch geschrotetem und über Nacht in Wasser eingeweichtem Getreide, frischem Obst und gehackten Nüssen, wurde zum vollwertköstlichen Einstieg in den Tag.

Rohkost hat viele gute Seiten

Auf der Genußseite kann Rohkost ein großes Plus verbuchen: Roh zubereitetes Obst und Gemüse schmeckt ausgesprochen gut. Die Geschmacksstoffe können sich voll entfalten, wir sind z.B. in der Lage, feine Unterschiede bei Gemüsen herauszuschmecken, die gekocht mehr oder weniger gleich schmecken.

Und Rohkost ist ein „Schmaus" für die Augen, mit denen wir ja auch essen. Farbenfroh und knackig frisch, liebevoll angerichtet und schön serviert, läßt Rohkost unweigerlich das Wasser im Munde zusammenlaufen.

Auch auf der Gesundheitsseite hat Rohkost viele gute Eigenschaften zu verbuchen. Daher auch die Empfehlung der Vollwerternährung, möglichst viel Frisches zu essen.

Rohkost verfügt über einen hohen Anteil *wertgebender Inhaltsstoffe*, sie bietet die beste Gewähr für eine ausreichende Versorgung mit Vitaminen, und die Mineralstoffe bleiben erhalten (beim Garen mit Wasser werden sie herausgelöst). Rohes Obst und Gemüse ist reich an Ballaststoffen, was sich bekanntermaßen besonders vorteilhaft auf Verdauung und Stoffwechsel auswirkt. Die Darmflora wird positiv beeinflußt, das beugt Darmerkrankungen vor. Durch Erhitzen dagegen werden die günstigen Wirkungen der Ballaststoffe beeinträchtigt.

Nicht vergessen werden sollten auch die sogenannten *sekundären Pflanzenstoffe*. Sie sind vornehmlich in unerhitztem Gemüse und Obst vorhanden. Diese Inhaltsstoffe sind zwar nicht lebensnotwendig, haben aber viele positive Wirkungen auf unseren Körper. Sie regen den Stoffwechsel an oder wirken entzündungshemmend, stärken Widerstandskräfte und heben das allgemeine Wohlbefinden.

Zwei gute Tips:

- Wer noch „rohkostunerfahren“ ist, sollte langsam und behutsam einsteigen. Auf einen allzu drastischen und hastigen Umstieg von der kleinen Salatbeilage auf den Riesen-Rohkostteller kann unser Körper mit Unwohlsein und Blähungen reagieren. Wer‘s langsam angeht und nach und nach steigert, dem bleibt dies erspart.
- Und weil Rohkost unsere Kauwerkzeuge ordentlich in Anspruch nimmt und wir länger und gründlicher kauen, fühlen wir uns auch eher satt. Die Folge: Wir essen insgesamt weniger und fühlen uns wohler. Rohkost sollte deshalb, besteht nicht das komplette Menü aus frischem Obst und Salat, *vor* der warmen Mahlzeit gegessen werden.

Kauf, Lagerung und Zubereitung

- **Kauf:**

Ein wichtiges Qualitätskriterium bei Rohkost ist die Frische. Welkes oder schrumpeliges Obst und Gemüse hat viel von seinem guten Geschmack eingebüßt, und man kann sicher sein, daß bereits ein Großteil der wertvollen Inhaltsstoffe verlorengegegangen ist.

Das soll aber nun nicht heißen, daß auf unseren Tisch nur kommt, was makellos schön und wohlgeformt ist. Große, rundherum glänzende Äpfel und schnurgerade gewachsene, dicke Karotten können auch das Ergebnis massiven Chemieeinsatzes sein. Wer nicht das Glück eines eigenen Gartens hat, aus dem er sich seine giftfrei erzeugten Produkte nach Bedarf holen kann, sollte Obst und Gemüse aus kontrolliert biologischem Anbau kaufen, das in Naturkostläden und Reformhäusern oder von biologisch wirtschaftenden Bauern angeboten wird. Ohne künstlichen Dünger und chemische Schädlingsbekämpfungsmittel angebautes Obst und Gemüse schmeckt besser und ist rückstandsärmer als konventionelles. Mit dem Kauf solcher Produkte unterstützen wir als Verbraucher außerdem umweltgerechte, den Boden schonende Anbaumethoden.

- **Lagerung:**

Unsachgemäße und zu lange Lagerung tut Obst und Gemüse nicht gut. Ein paar Tage bis Wochen überstehen die meisten Sorten gut, wenn sie in einem kühlen abgedunkelten Kellerraum oder Schuppen aufbewahrt werden, in denen die Temperatur nicht auf den Gefrierpunkt absinkt. Gut (und preiswert) fährt, wer seinen Speiseplan nach den Obst- und Gemüsesorten der Saison ausrichtet, und das Gekaufte so bald wie möglich verbraucht. Der Gemüsekalender auf Seite 18 listet auf, in welchen Monaten welche Gemüse im Angebot sind.

Gar nicht in Lagerverlegenheiten kommt man mit Sprossen und Keimen. Sie können je nach Bedarf und Menge quasi „selbstgemacht" werden. Und weil in diesem Buch etliche Rezepte mit Keimen und Sprossen zu finden sind, auf Seite 17 eine kleine Keim-Anleitung für zuhause.

- **Zubereitung:**

Um möglichst viel des Guten (an Geschmack, appetitlichem Aussehen und Gesundheitswert) zu erhalten, sollten bei der Zubereitung der rohen Köstlichkeiten ein paar wichtige Regeln beachtet werden:

○ **Erst waschen, dann kleinschneiden.** Damit dem Wasser nicht zuviel Angriffsfläche geboten wird — Wasser „wäscht" wasserlösliche Vitamine und Mineralsstoffe aus — sollte Obst und Gemüse immer *vor* dem Zerkleinern und nicht zu ausgiebig gewaschen werden.

○ **Nur schälen, wenn nötig.** Wurzelgemüse z.B. lassen sich prima mit einer Bürste säubern, und auch biologisch angebauten Äpfeln und Birnen braucht man nicht mit dem Messer zu Leibe zu rücken.

○ **Erst bei der Zubereitung kleinschneiden.** Auch Sauerstoff greift die Vitamine an, und bei zerkleinertem Obst und Gemüse kann die Luft besser 'ran und mehr Schaden anrichten. Bei Äpfeln und Karotten ist das besonders gut sichtbar: Je länger sie geschnitten oder gerieben herumstehen, um so brauner und unansehnlicher werden sie. Und daraus ergibt sich schon fast automatisch:

○ **Erst kurz vor dem Essen zubereiten.** Ganz frisch hat man nun unbestritten das meiste von Rohkost. Wußten Sie, daß z.B. bei kleingeschnittenem Kohl, der zwei Stunden gestanden hat, schon mehr als die Hälfte des Vitamin C ,,flöten gegangen" ist?

Das Keimen

Im Winter, wenn das Angebot an frischem Gemüse recht spärlich ist, bietet es sich ganz besonders an, verschiedenste Getreide und Samen keimen zu lassen. Mit dem Keimen zuhause läßt sich ein Stück Selbstversorgung verwirklichen und man hat immer die frischesten Gemüse zur Verfügung.

Besonders gut geeignet zum Heranziehen von Keimen sind alle Getreide, die verschiedenen Bohnen- und Linsensorten, Rettich, Senf und Kresse (Achtung: Sojabohnen- und Kichererbsenkeime nicht roh essen!!).

Zum Keimen braucht der Samen drei Dinge: Wasser, Luft und Wärme. Wasser dringt in ihn ein, er quillt auf und fängt an zu keimen. Die Luft muß zirkulieren, damit die Keime nicht zu schimmeln anfangen.

- **So wird's gemacht:**

Die Samen in ein Einmachglas geben, mit Wasser bedecken und über Nacht einweichen lassen. Am nächsten Morgen die Öffnung mit einem Stück Mull abdecken und mit einem Gummiring befestigen. Das Glas herumdrehen und das Wasser ablaufen lassen. Mit der Öffnung nach unten schräg auf ein Ablaufbrett stellen, damit genügend Luft an das Saatgut kommt.

Das Ganze zwei- bis dreimal täglich mit frischem Wasser durchspülen. Nach wenigen Tagen (je nach Saatgut) sind die Keime fertig.

Gemüsekalender

	Jan.	Feb.	März	April	Mai	Juni	Juli	Aug.	Sept.	Okt.	Nov.	Dez.
Bleichsellerie	○	○	○		○	○	○	○	○	○	○	○
Blumenkohl	○	○	●	●	○	○	●	●	●	●	○	○
Bohnen*				○	○	○	●	●	●	○	○	○
Broccoli		○	○	○			●	●	●			
Chicorée	○	○	○	○						○	○	○
Endiviensalat	○	○	○	○				○	○	○	○	○
Erbsen				○	○	●	●	○				
Feldsalat*	○	○	○							●	●	○
Fenchel	○	○	○	○						○	○	○
Grünkohl	●	●	●	●						●	●	●
Gurken*	○	○	○	○	○	●	●	●	●	●	●	○
Kohlrabi*		○	○	○	○	●	●	○	○	○		
Kopfsalat*	○	○	●	●	●	●	●	●	●	○	○	○
Kürbis						○	○	●	●	●	○	○
Möhren	●	●	●	○	○	○	○	●	●	●	●	●
Paprika	○	○	○	○	○	○	○	●	●	●	○	○

Gemüsekalender

	Jan.	Feb.	März	April	Mai	Juni	Juli	Aug.	Sept.	Okt.	Nov.	Dez.
Radieschen	○	○	○	○	●	●	●	○	○	○	○	○
Rettich*	○	○	○	○	●	●	●	●	●	○	○	○
Rhabarber	○	○	○	●	●	○	○					
Rosenkohl	●	●	○	○						○	●	●
Rote Bete	●	●							○	●	●	●
Rotkohl	●	●	●	○	○	○	●	●	●	●	●	●
Sellerie	●	●	●	○					○	●	●	●
Spinat*	○	○	●	●	●	○	○	○	●	●	○	○
Steckrüben	●	●	○						○	●	●	●
Tomaten*	○	○	○	○	○	○	●	●	●	○	○	○
Weißkohl	●	●	●	○	○	○	●	●	●	●	●	●
Wirsing	●	●	●	○	○	○	●	●	●	●	●	●
Zucchini	○	○	○	○	●	●	○	○	○	○	○	○
Zwiebeln	●	●	●	●	●	○	○	●	●	●	●	●

* auch aus Unterglaskulturen

Zeichenerklärung: ● Monate starker Angebote ○ Monate geringer Angebote

Die übrigen Zutaten

Damit Rohkostgerichte zu einem echten Genuß werden, sollten nicht nur die *Gemüse* und das *Obst* qualitativ hochwertig sein, sondern auch alle anderen Zutaten. Wir empfehlen, auch bei *Getreide, Nüssen* und *Samen* weitestgehend kontrolliert biologische Produkte zu verwenden. Käse ist auch aus unerhitzter Milch hergestellt zu bekommen (*Rohmilchkäse*). *Eier* — sie werden nur in einigen wenigen Rezepten verwendet — sollten aus artgerechter Haltung mit natürlichem Futter und in gesunder Umgebung stammen. Vorsicht: Für Rohkostgerichte niemals angeschlagene Eier verwenden, weil die eingedrungenen Bakterien nicht durch Hitze zerstört werden können.

An *Ölen* werden kaltgepreßte, nicht raffinierte Öle aus dem Naturkostladen oder Reformhaus empfohlen. Dabei bleibt es dem ganz persönlichen Geschmack überlassen, sich für das milde Sonnenblumen- oder Distelöl zu entscheiden oder aber für das ausgesprochen edle Kürbiskernöl.

Auch bei *Tofu* (Sojabohnenquark) und *Sojasauce* sollte man auf Produkte aus Naturkostladen oder Reformhaus zurückgreifen. Zwar gibt es beides inzwischen auch in Supermärkten, dort allerdings nur in der industriell hergestellt und mit künstlichen Zusätzen versehenen Variante.

Kräuter sind zum Teil auch im Winter frisch als Bund oder im Topf erhältlich, auch tiefgefrorene eignen sich gut für die Rohkostküche. Unabhängig macht man sich mit einem kleinen Kräutergarten auf der Fensterbank, von dem man sich je nach Bedarf erntefrisch bedienen kann. Wer auf getrocknete Kräuter zurückgreift, sollte etwas vorsichtiger dosieren.

Bevor es losgeht

Die Rezeptmengen sind, wenn nicht anders angegeben, auf vier Personen abgestimmt, die guten Appetit haben. (Saucen, Dressings, Mayonnaise u.ä. werden in größeren Mengen auf Vorrat hergestellt).

Eine aufwendige Küchenausrüstung ist für die Zubereitung der Rezepte nicht erforderlich. Siebe und Schüsseln in verschiedenen Größen, einen Satz gutschneidender Messer, eine gute Rohkostreibe (am besten eignen sich kastenförmige mit verschiedenen Zahngrößen), einen Handmixer, dazu eine Knoblauch- und Zitronenpresse — das ist eigentlich schon alles. In Ausnahmefällen ist eine Mühle zum Getreidemahlen nötig, wer keine spezielle Getreidemühle hat, dem ist auch mit einer alten Kaffeemühle gut gedient.

Salz wird gar nicht oder äußerst sparsam verwendet. Rohkost hat einen intensiven Eigengeschmack, der nicht „übertüncht" werden möchte. Bitte betrachten Sie alle Gewürzmengen (auch Kräuter) als Anhaltswerte, die je nach individuellem Geschmack variiert werden können und sollen.

Auch bei Käse sollte man sich von seinem persönlichen Geschmack leiten lassen. Kräftigschmeckende Edelpilzkäse oder Hartkäsesorten sind ohne weiteres durch mildere zu ersetzen und umgekehrt.

Und wer etwas Erfahrung in der Rohkostküche gesammelt hat, wird auch bei den Gemüse- oder Obstsorten variieren können und je nach Lust und Laune, Vorrat oder Angebot eigene „Rohköstlichkeiten" kreieren.

Müslis und Appetithappen

Weizenmüsli I

pro Person: 3 EL Weizen / 1 EL Rosinen / 1/2 Apfel / 5 Mandeln / 2 EL süße Sahne / Honig nach Geschmack

Weizen grob schroten und über Nacht mit der doppelten Menge Wasser bedeckt einweichen. Am nächsten Morgen den Apfel fein reiben, die Mandeln hacken und unter das Getreide rühren. Mit Sahne und Honig verfeinern.

Weizenmüsli II

pro Person: Keime aus 2 EL Weizen / 1 EL Sonnenblumenkerne / 4 EL Joghurt / 1 MSP Zimt / Honig nach Geschmack

Weizensprossen und Sonnenblumenkerne miteinander vermischen. Joghurt und Zimt glattrühren, eventuell mit Honig abschmecken und über das Müsli geben. Sofort servieren.

Gemüse-Müsli

pro Person: 3 EL Roggen / 1 Karotte / 1 Apfel / 3 EL Joghurt / 1/2 Bund Schnittlauch

Roggen grob schroten und über Nacht in der doppelten Menge Wasser einweichen. Am nächsten Morgen Karotte und Apfel fein raspeln und unter das Getreide mischen. Joghurt unterrühren und mit Schnittlauchröllchen garniert servieren.

Hafermüsli

pro Person: 2 Trockenpflaumen / 3 EL Nackthafer / 3 EL Kefir / 1 kleiner Apfel / 5 Haselnüsse

Die Pflaumen über Nacht in wenig Wasser einweichen und am nächsten Morgen kleinschneiden. Den Hafer schroten und unter das Trockenobst mischen. Kefir unterrühren, den Apfel raspeln und ebenfalls unterrühren. Die Nüsse grob hacken, das Müsli damit bestreuen, sofort servieren.

Müsli mit Hirse

pro Person: 3 EL Hirse / 1 kleine Banane / 1/2 Apfel / 100 ml Milch / Honig nach Geschmack / 5 Haselnüsse

Die Hirse schroten und über Nacht in der doppelten Menge Wasser einweichen. Am nächsten Morgen die Banane mit der Gabel zerdrücken, den Apfel fein reiben. Beides unter die Hirse rühren. Milch darübergießen, eventuell süßen und mit den grobgehackten Haselnüssen garniert servieren.

Buttermilch-Müsli

pro Person: 2 EL Haferflocken / 2 EL Weizenflocken / 200 ml Buttermilch / 1 kleine Banane / 1 EL Leinsamen / 1 EL Sonnenblumenkerne

Hafer- und Weizenflocken einige Stunden in der Buttermilch einweichen. Die Banane kleinschneiden und unterrühren. Leinsamen und Sonnenblumenkerne darüberstreuen und gleich servieren.

Rote Bete-Frischkost

2 mittelgroße Rote Bete / 100 g Sellerie / 1 kleine Karotte / 1 Zwiebel / 150 g Joghurt

Rote Bete grob, Sellerie und Karotte fein raspeln. Die Zwiebel sehr fein hacken. Das Gemüse in eine Schüssel geben, den Joghurt glattrühren und darüber verteilen. Sofort servieren.

Sahne-Topinambur

2 mittelgroße Topinambur / 100 g Zucchini / 1 kleine grüne Paprika / 1/2 Tasse Linsensprossen / 1 Tasse saure Sahne / 1 EL Sojasauce / 1 Bund Petersilie

Topinambur und Zucchini grob raspeln, die Paprika kleinschneiden. Die Gemüse mit den Linsensprossen vermengen und auf einem großen Teller anrichten. Die saure Sahne glattrühren, Sojasauce dazugeben und über dem Gemüse verteilen. Die Petersilie grob hacken und darüberstreuen.

Edle Platte

2 Avocados / 250 g Champignons / 4 EL Sonnenblumenöl / 1 EL Weinessig / Saft einer Zitrone / 1 Knoblauchzehe / Pfeffer / 1/2 Bund Petersilie

Avocados und Pilze in dünne Scheiben schneiden und auf einem großen flachen Teller kreisförmig anrichten. Aus Öl, Essig und Zitronensaft eine Marinade bereiten, die Knoblauchzehe pressen und dazugeben, mit Pfeffer abschmecken. Die Sauce über Avocados und Pilze geben. Kurz durchziehen lassen, die Petersilie fein hacken und darüberstreuen.

Saures Karotten-Kohlrabi

1 Karotte / 2 kleine Kohlrabi / 1 TL Sojasauce / 1/2 Tasse Essig / 1 EL Honig / frisch geriebener Ingwer nach Geschmack

Karotte und Kohlrabi in kleine Stückchen schneiden und in eine Schüssel geben. Sojasauce, Essig und Honig verrühren und darüber verteilen. Eine halbe Stunde kühlstellen, und vor dem Servieren mit Ingwer abschmecken.

Sahnige Radieschen

1 Bund Radieschen / 1 Gurke / 1 kleine Zwiebel / 1 Tasse saure Sahne / 2 EL Essig

Radieschen und die Gurke in dünne Scheiben schneiden, die Zwiebel sehr fein hacken, und alles in eine Schüssel geben. Die Sahne mit dem Essig glattrühren und darübergeben. Sofort servieren.

Paprikaschiffchen

3 große grüne Paprika / 1/2 rote Paprika / 1 Zwiebel / 1 Karotte / 5 Radieschen / 1 kleine Zucchini / 2 Tomaten / 2 Stengel Brokkoli / 1/2 Bund Petersilie / Joghurt-Gurken-Sauce (siehe S. 93) / Spinatblätter

Die grünen Paprika längs halbieren, entkernen und beiseite stellen. Alle Gemüse in kleine Stücke schneiden, die Petersilie fein hacken.

Gemüse und Petersilie in einer Schüssel gut mischen, die Sauce dazugeben und unterheben. Die Paprikahälften damit füllen und auf Spinatblättern angerichtet servieren.

Zucchini mariniert

2 kleine Zucchini / 1 Tomate / 1 kleine Zwiebel / 4 EL Öl / 2 EL Essig / 1 EL Honig / 1 Knoblauchzehe / 1 EL Kräuter (Oregano, Basilikum, Petersilie, Dill)

Zucchini halbieren und in dünne Scheiben schneiden, die Tomate würfeln, die Zwiebel sehr fein hacken. Aus Öl, Essig und Honig eine Marinade bereiten, den Knoblauch hineinpressen und mit den Kräutern abschmecken. Über das Gemüse gießen und gut durchziehen lassen.

Nüsse und Erbsen

4 Tassen grüne Erbsen / 1 Tasse Walnüsse / 2 EL Sojasauce / 2 EL Olivenöl

Erbsen und Nüsse miteinander mischen. Mit Sojasauce und Olivenöl besprenkeln und nochmals gut vermengen.

Erbsen auf Salat

5 Tassen frische Erbsen / 1 Zwiebel / 100 g Champignons / 1/2 Tasse Mayonnaise (siehe S. 95) / Salatblätter

Erbsen in eine Schüssel geben, Zwiebel in dünne Scheiben schneiden. Champignons vierteln und kleinschneiden.
Die Mayonnaise zum Gemüse geben und alles gut miteinander vermengen. Auf Salatblättern angerichtet servieren.

Schnelle Sprossen

Sprossen aus 5 EL Adukibohnen / 100 g Haselnüsse / 1 Tasse Joghurt / 1 Tasse Mayonnaise (siehe S. 95) / 2 Knoblauchzehen

Sprossen in eine Schüssel geben, Nüsse fein hacken und untermischen. Joghurt und Mayonnaise verrühren, Knoblauchzehen hineinpressen und die Marinade über die Sprossen geben. Vorsichtig unterheben und sofort servieren.

Pastinakengemüse

3 Pastinaken / 1 Karotte / 1 kleine grüne Paprika / 1 Apfel / 2 EL saure Sahne / 3 EL Öl / 1 EL Obstessig / 1 TL Sojasauce / Salatblätter

Die Pastinaken grob, die Karotte fein raspen, Paprika und Apfel in kleine Stückchen schneiden. Sahne, Öl, Essig und Sojasauce miteinander verrühren und über das Gemüse geben. Leicht unterheben und auf Salatblättern angerichtet servieren.

Tomaten mit Sprossen

2 Tomaten / 2 Karotten / 1/2 Tasse Buchweizensprossen / 1/2 Tasse Weizensprossen / 1 Tasse Hüttenkäse / Salatblätter

Tomaten würfeln, Karotten vierteln und in kleine Stücke schneiden. Beides mit den Sprossen vermengen und den Hüttenkäse unterheben. Auf Salatblättern anrichten und gleich servieren.

Hüttenkäse-Gemüse

1 Gurke / 1 kleine Zucchini / 1/2 Tasse Mungbohnensprossen / 1 Tasse Hüttenkäse / 2 EL Öl / 2 EL Apfelessig / 1 TL Kräuter (Oregano, Basilikum, Thymian) / 2 EL Sonnenblumenkerne

Gurke und Zucchini vierteln, kleinschneiden und mit den Sprossen in eine Schüssel geben. Hüttenkäse mit Öl, Essig und Kräutern vermischen und vorsichtig unter das Gemüse heben. Mit Sonnenblumenkernen bestreut servieren.

Frische Gemüsehäppchen

4 Tomaten / 1 Gurke / 3 Frühlingszwiebeln / 1 Tasse Alfalfasprossen / 1 TL Sojasauce / 2 EL Sesam / 2 EL Öl / 1 Knoblauchzehe

Tomaten, Gurke und Frühlingszwiebeln in dünne Scheiben schneiden und mit den Sprossen in einer Schüssel vermischen. Sojasauce, Öl, Sesam und gepreßten Knoblauch miteinander verrühren, über das Gemüse geben und sofort servieren.

Gefüllte Pilze

8 große Champignons / 3 EL gemahlene Mandeln / 1/2 Bund Dill / 1 TL Sojasauce

Die Pilze säubern, die Stiele vorsichtig lösen und kleinschneiden. Mit den Mandeln, dem gehackten Dill und der Sojasauce vermengen. Die Pilzhüte auf eine Platte legen und in jeden Pilz ein Häufchen von der Mandelmasse geben.

Topinambur-Happen

2 Topinambur / 2 Karotten / 100 g Sellerie / 4 EL Olivenöl / 5 EL Zitronensaft / 1 TL Ingwer / 1/2 TL Rosmarin

Topinambur grob, Karotten und Sellerie fein raspeln. Die Gemüse in eine große Schüssel geben. Aus Olivenöl, Zitronensaft, Ingwer und Rosmarin eine Marinade rühren und über das Gemüse gießen. Gut unterheben und gleich servieren.

Suppen

Gazpacho I

1 Tasse gemahlene Mandeln / 1 Knoblauchzehe / 2 EL Olivenöl / 2 EL Zitronensaft / 3 Eigelb / 3 Tassen Karottensaft / 1 Tasse Joghurt / 2 Frühlingszwiebeln

Die Hälfte der Mandeln mit gepreßtem Knoblauch, Öl und Zitronensaft gründlich mischen. Eigelb, übrige Mandeln und eine Tasse Karottensaft dazugeben, und alles so glatt wie möglich pürieren. Unter Rühren den restlichen Karottensaft zugeben. Auf Teller verteilen und mit je einem Klecks Joghurt und kleingeschnittenen Frühlingszwiebeln servieren.

Kirschsuppe

250 g Kirschen / 2 EL Zitronensaft / 2 EL Honig / 2-3 Tassen Wasser

Die Kirschen entsteinen, mit den übrigen Zutaten mischen und alles im Mixer glattpürieren. Gut gekühlt servieren.

Zucchinisuppe

3 kleine Zucchini / 1 kleine Gurke / 1 Tasse Wasser / 2 EL Honig / 100 g Sellerie / 1 grüne Paprika

Zucchini und Gurke vierteln, in kleine Stückchen schneiden und in den Mixer geben. Den Honig im Wasser auflösen, die Hälfte über das Gemüse gießen und alles gut pürieren. In eine Schüssel geben. Den Sellerie reiben, die Paprika klein würfeln und mit dem übrigen Honigwasser im Mixer verrühren. Schließlich die Zucchini-Gurken-Mischung dazugeben und solange rühren, bis eine gute Konsistenz erreicht ist.

Gurken-Joghurt-Suppe

2 Gurken / 4 Schalotten / 150 g Joghurt / Saft einer Zitrone / 1 Bund Dill

Gurken und Schalotten kleinschneiden und mit Joghurt, Zitronensaft und gehacktem Dill im Mixer glattrühren. Gut gekühlt servieren.

Fruchtsuppe

2 Birnen / 2 Bananen / 2 Äpfel / Saft von 5 Orangen / 2 EL Sonnenblumenkerne / 3 EL Rosinen

Das Obst schälen, kleinschneiden und im Mixer pürieren. Mit Saft und Sonnenblumenkernen zu einer flüssigen Masse verarbeiten. Die Suppe gut gekühlt und mit kleingehackten Rosinen bestreut servieren.

Gazpacho II

2 Gurken / 2 grüne Paprika / 3 Tomaten / 4 Eier / 2 Knoblauchzehen / Cayennepfeffer / 4 EL Essig / 4 EL Olivenöl / 1 Tasse Tomatensaft / 3 Schalotten

Gurken und Paprika fein würfeln, jeweils die Hälfte zum Garnieren beiseiten stellen. Tomaten überbrühen, enthäuten und kleinschneiden. Gurken, Paprika und Tomaten mit den Eiern in den Mixer geben. Knoblauch hineinpressen und alles so fein wie möglich pürieren. Cayennepfeffer, Essig, Öl und Tomatensaft hinzufügen und gut kühlen.
Vor dem Servieren die Schalotten kleinschneiden und zusammen mit den verbliebenen Gurken und Paprika die Suppe bestreuen.

Erdnuß-Bananen-Suppe

1 Tasse Erdnüsse / 1 EL Olivenöl / 2 EL Zitronensaft / 2 Tassen Apfelsaft / 2 Bananen / 3 Eigelb / 3 EL Rosinen / Sesam nach Geschmack

Die Erdnüsse über Nacht in Wasser einweichen. Das Wasser abschütten und die Nüsse fein hacken. Mit Öl und Zitronensaft in den Mixer geben und so fein wie möglich pürieren. Nach und nach den Apfelsaft zugeben und unterrühren.
Die Bananen kleinschneiden und zusammen mit den Eigelb hinzufügen, nochmals gut durchrühren.
In Suppenschalen füllen und kühlen. Mit gehackten Rosinen und Sesam bestreut servieren.

Gazpacho III

500 g Kürbisfleisch / 1 Stange Bleichsellerie / 1 Zwiebel / 1 Tasse Wasser / 1/2 TL Basilikum / 1/2 TL Estragon / 1 Knoblauchzehe

Kürbisfleisch, Sellerie und Zwiebel fein würfeln und im Mixer möglichst glatt pürieren. Wasser hinzufügen bis die gewünschte Konsistenz erreicht ist. Mit den Kräutern und gepreßtem Knoblauch würzen und gleich servieren.

Sommersuppe

500 g Beeren (Erdbeeren, Himbeeren oder Blaubeeren) / 250 ml Wasser / 1 Tasse Joghurt / 2-3 EL Honig / 3 EL Kokosraspeln / Cashewkerne zum Garnieren

Die Beeren im Mixer pürieren, unter Rühren Wasser und Joghurt hinzufügen. Mit Honig abschmecken. Kokosraspeln unterrühren, auf Portionsschalen verteilen und gut kühlen. Vor dem Servieren mit gehackten Cashewkernen bestreuen.

Joghurt-Gemüse-Suppe

500 g Joghurt / 2 TL Curry / 200 ml Wasser / 1 Gurke / 1 kleine Zucchini / 3 Schalotten / 2 Tomaten / 3 EL Rosinen / 1 kleine Topinambur / 1 Bund Dill

Joghurt mit dem Schneebesen glattrühren. Curry in etwas Wasser auflösen und mit dem übrigen Wasser zum Joghurt geben. Gurken, Zwiebeln und Schalotten fein würfeln. Die Tomaten überbrühen, enthäuten und ebenfalls würfeln, die Rosinen fein hacken. Gemüse und Rosinen im Mixer möglichst glatt rühren. Mit dem Joghurt mischen und gut kühlen. Vor dem Servieren die Topinambur in die Mischung reiben, in Portionsschalen füllen und mit gehacktem Dill bestreut servieren.

Spargelcremesuppe

250 g Spargel / 100 g Champignons / 2 Schalotten / Wasser / 1 kleine Avocado / 1 EL Sojasauce

Spargel, Pilze und Schalotten möglichst kleinschneiden und in den Mixer geben. Unter Rühren soviel Wasser zugeben, bis die gewünschte Konsistenz erreicht ist. Die Avocado zerdrücken und zusammen mit der Sojasauce zum Gemüse geben. Gründlich glattrühren und sofort servieren.

Salate

Apfel-Orangen-Salat

4 Orangen / 1 Apfel / 75 g Walnüsse / 150 g saure Sahne / Muskat

Die Orangen schälen und kleinschneiden, den Apfel würfeln. Die Walnüsse hacken und alles zusammen in eine Schüssel geben. Die saure Sahne glattrühren und unterheben. Mit einer Prise Muskat gewürzt servieren.

Früchte auf Salat

Salatblätter / 2 Avocados / 2 Orangen / 2 Pampelmusen / Dattel-Sauce (siehe S. 96)

Einge große Platte mit Salatblättern bedecken. Die Avocados dünn schälen, halbieren und entkernen und in dünne Spalten schneiden. Orangen und Pampelmusen sorgfältig schälen und in Schnitzchen zerteilen.
Das Obst auf den Salatblättern schön anrichten. Die Dattelsauce extra servieren.

Birnen mit Pfiff

3 Birnen / Zitronensaft / 100 g Sellerie / 75 g Walnüsse / 5 EL Rosinen / 1/2 Tasse Mayonnaise (siehe S. 95) / 1 Tasse Hüttenkäse / Salatblätter

Die Birnen längs halbieren und das Kerngehäuse entfernen. Mit Zitronensaft beträufeln. Den Sellerie reiben, Walnüsse und Rosinen fein hacken. Mayonnaise und Hüttenkäse mischen, Sellerie, Nüsse und Rosinen unterheben. Die Birnen damit füllen und auf Salatblättern anrichten.

Krautsalat spezial

500 g Weißkohl / 100 g Sellerie / 2 Karotten / Kümmel / Ricottasauce (siehe S. 97)

Weißkohl grob, Sellerie und Karotten fein raspeln. Die Gemüse in einer Schüssel vermengen, Mit Kümmel nach Geschmack würzen und die Ricottasauce darübergießen. Vor dem Servieren kurz durchziehen lassen.

Nussiger Krautsalat

300 g Weißkohl / 150 g Rotkohl / 2 Karotten / 1 Tasse Mungbohnensprossen / 1 kleine Zwiebel / 50 g Erdnüsse / Erdnußsauce (siehe S. 97)

Weiß- und Rotkohl grob, Karotten fein raspeln. Das Gemüse mit den Mungbohnensprossen in eine Schüssel geben. Zwiebel und Erdnüsse fein hacken und unterheben. Die Erdnußsauce über den Salat gießen und den Salat vor dem Servieren gut durchziehen lassen.

Krautsalat in Rot

300 g Weißkohl / 1 Karotte / 1 rote Paprika / 3 EL Mayonnaise (siehe S. 95) / 3 EL Apfelessig / 1 EL Honig

Weißkohl und Karotte grob raspeln, die Paprika in kleine Würfel schneiden. Alles in einer Schüssel miteinander vermengen. Mayonnaise, Essig und Honig gut verühren und über den Salat geben. Gleich servieren.

Steckrübensalat

500 g Steckrüben / 100 g saure Sahne / 1 EL Honig / 2 EL Essig / 1/2 Bund Petersilie

Die Steckrüben grob raspeln und in eine Schüssel geben. Sahne, Honig und Essig vermischen und über die Steckrüben gießen. Die Petersilie grob hacken und über den Salat streuen.

Winter-Krautsalat

100 g Weißkohl / 1 Karotte / 1 kleine Steckrübe / 1 kleine Pastinake / 1 kleine Kohlrabi / 1 Zwiebel / 200 g Hüttenkäse / 150 g Joghurt / Weinessig nach Geschmack

Die Gemüse grob raspeln und in einer großen Schüssel miteinander vermengen. Die Zwiebel fein hacken und unterheben. Hüttenkäse und Joghurt verrühren und mit Weinessig abschmecken. Unter den Salat heben und gleich servieren.

Spinat mit Pilzen

750 g Spinat / 100 g Champignons / 2 kleine Zwiebeln / 5 EL italienische Kräutersauce (siehe S. 93) / 2 EL Sonnenblumenkerne

Stiele und Mittelrippe der Spinatblätter entfernen, Blätter in mundgerechte Stücke schneiden. Die Pilze in dünne Scheiben schneiden, die Zwiebeln fein hacken. Das Gemüse in einer Schüssel mischen, die Sonnenblumenkerne unterheben. Die Kräutersauce darübergießen, gut mischen und sofort servieren.

Grüner Salat mit Fenchel

3 Knoblauchzehen / 1/2 Tasse Sonnenblumenöl / 3 Eigelb / 3 EL Zitronensaft / Pfeffer / 2 kleine Fenchelknollen / 2 Köpfe Salat / 200 g Tofu / 75 g Walnüsse / Parmesan nach Geschmack

Den Knoblauch in eine große Schüssel pressen. Öl, Eigelb, Zitronensaft und Pfeffer dazugeben und gründlich verquirlen. Fenchel in feine Scheiben schneiden, den Kopfsalat in mundgerechte Stücke zerpflücken. Tofu würfeln, Walnüsse grob hacken und unter den Salat heben. Vorsichtig vermengen und mit Parmesan bestreut servieren.

Spinatsalat

500 g Spinat / 1 kleine Zwiebel / 100 Walnüsse / 4 EL Öl / 2 EL Weinessig / 1 TL Kräutersenf / Pfeffer nach Geschmack

Stiele und Mittelrippe des Spinats entfernen, Blätter in mundgerechte Stücke schneiden. Die Zwiebel sehr fein hacken, die Walnüsse ebenfalls hacken. Beides unter den Spinat heben. Öl, Essig und Kräutersenf zu einer Marinade rühren, mit Pfeffer würzen und über den Spinat gießen. Gleich servieren.

Sprossensalat mit Tofu

2 Tassen Alfalfasprossen / 250 g Weißkohl / 1 Apfel / 3 EL Zitronensaft / 200 g Tofu / 100 g Edelpilzkäse / 100 g Joghurt / 1 EL Walnüsse /

Sprossen in eine Schüssel geben. Weißkohl und Apfel grob raspeln, dazugeben und mit Zitronensaft beträufeln.
Den Tofu in kleine Würfel schneiden, den Käse mit einer Gabel zerdrücken. Beides mit dem Joghurt vermengen. Zum Gemüse geben und gut unterheben. Die Walnüsse hacken und über den Salat streuen.

Waldorfsalat I

300 g Weißkohl / 2 Stangen Bleichsellerie / 1 Apfel / 50 g Erdnüsse / 100 g Cheddar-Käse / 50 g Rosinen / Saure-Sahne-Sauce (siehe S. 96)

Kohl grob raspeln, Sellerie kleinschneiden, Apfel würfeln. In eine große Salatschüssel geben und gut vermengen. Die Erdnüsse hacken, den Käse reiben, beides untermischen. Rosinen und Saure-Sahne-Sauce zu dem Salat geben, kurz ziehen lassen und servieren.

Waldorfsalat II

4 Äpfel / 2 Karotten / 100 g Sellerie / 50 g Walnüsse / 2 EL Kürbiskerne / 50 g Rosinen / 100 g Käse nach Wahl / 1/2 TL milder Curry / 4 EL Mayonnaise / Salatblätter

Die Äpfel würfeln, Karotten und Sellerie fein raspeln und in eine Schüssel geben. Walnüsse hacken und mit den Kürbiskernen und den Rosinen unterheben. Käse reiben und ebenfalls dazugeben. Curry unter die Mayonnaise rühren, über den Salat geben und gut vermischen. Kurz durchziehen lassen und auf Salatblättern angerichtet servieren.

Karotten israelisch

8 Karotten / 150 g Weißkohl / 2 Orangen / 50 g Rosinen / 2 EL Sesam / Orangensaft nach Bedarf

Die Karotten fein raspeln, Kohl hacken, Orangen schälen, in Schnitzchen zerteilen und diese halbieren. In einer großen Schüssel alles miteinander vermengen, Rosinen unterheben und mit Sesam bestreuen. Wenn der Salat zu „trocken" ist, einige Eßlöffel Orangensaft hinzufügen. Sofort servieren.

Birnen-Roquefort-Salat

2 große Birnen / Zitronensaft / 150 g Roquefort-Käse / 2 EL weiche Butter / 100 g Joghurt / Paprika / Salatblätter

Die Birnen halbieren, entkernen und mit Zitronensaft beträufeln, damit sie sich nicht verfärben. Roquefortkäse mit der Butter im Mixer verrühren. Die Masse auf den Birnen verteilen. Joghurt glattrühren, auf jede Birnenhälfte einen Klecks geben und Paprikapulver darüberstäuben. Auf Salatblättern angerichtet servieren.

Roquefort-Äpfel

4 Äpfel / Zitronensaft / 100 g Roquefort-Käse / 3 EL Öl / 50 g Walnüsse / 50 g Rosinen

Die Äpfel mit einem Apfelausstecher vom Kerngehäuse befreien und mit Zitronensaft beträufeln. Roquefort mit einer Gabel zerbröseln, Öl untermengen. Walnüsse fein hacken und mit den Rosinen ebenfalls unter den Käse rühren.
Die Äpfel auf einen Teller setzen und mit der Käsemasse füllen, den Rest um die Äpfel verteilen. Gleich servieren.

Sprossen-Kraut-Salat

100 g Rotkohl / 1/2 grüne Paprika / 1 Stange Bleichsellerie / 1 kleine Pastinake / 1 Karotte / 1 Zwiebel / Keime aus 2 EL Alfalfa und 1 EL Sonnenblumenkernen / Lieblingsdressing nach Wahl (vgl. S. 85ff)

Rotkohl grob hacken, Paprika und Sellerie kleinschneiden, Pastinake und Karotte raspeln, Zwiebel fein würfeln. Alles in einer großen Schüssel miteinander vermengen.
Keime vorsichtig unterheben, Dressing darübergeben und gut durchmischen. Je nach Dressing kurz durchziehen lassen oder gleich servieren.

Grüner Sesam-Salat

2 Köpfe Salat / 1 Bund Radieschen / 3 EL Sesam / 50 g Parmesan / 6 EL Öl / 3 EL Essig / 1 TL Honig / 1 EL Estragon / 1 Knoblauchzehe / Senf nach Geschmack

Den Salat in mundgerechte Stücke zerteilen und in eine große Schüssel geben. Radieschen in dünne Scheiben schneiden und dazugeben. Mit Sesam und geriebenem Parmesan mischen. Öl, Essig, Honig, Estragon und zerdrückten Knoblauch zu einer Marinade rühren, mit Senf abschmecken und über den Salat geben. Gleich servieren.

Sauerkraut-Nuß-Salat

200 g Sauerkraut / 1 Apfel / 50 g Haselnüsse / 50 g Rosinen / 3 EL saure Sahne / 1 TL Honig nach Geschmack

Das Sauerkraut sorgfältig auseinanderzupfen und in eine Schüssel geben. Den Apfel reiben, die Haselnüsse grob hacken und mit den Rosinen unter den Salat mischen. Saure Sahne mit dem Honig glattrühren und unterheben. Gleich servieren.

Rosenkohlsalat I

250 g Rosenkohl / 3 EL Öl / 3 EL Zitronensaft / 1 TL Honig / Sojasauce nach Geschmack

Den Rosenkohl fein hacken. Öl, Zitronensaft und Honig miteinander verrühren, mit Sojasauce abschmecken. Die Marinade unter den Rosenkohl heben, kurz durchziehen lassen und servieren.

Topinambur mit Sellerie

250 g Topinambur / 100 g Sellerie / 75 g milder Schafskäse / 3 EL Öl / 2 EL Zitronensaft / Pfeffer nach Geschmack

Topinambur und Sellerie fein raspeln und in einer Schüssel miteinander vermengen. Schafskäse mit einer Gabel zerbröseln und zu dem Gemüse geben. Öl und Zitronensaft verrühren, mit Pfeffer abschmecken und über den Salat gießen. Alles gut durchmischen, kurz durchziehen lassen und servieren.

Feldsalat klassisch

200 g Feldsalat / 3 EL Öl / 1 EL Essig / 1 kleine Zwiebel / 2 EL Sonnenblumenkerne

Feldsalat in eine große Schüssel geben, Essig und Öl verrühren. Die Zwiebel sehr fein würfeln und zur Marinade geben. Marinade mit dem Feldsalat vermengen. Mit Sonnenblumenkernen bestreut servieren.

Rosenkohlsalat II

250 g Rosenkohl / 3 EL Öl / 1 EL Zitronensaft / 1 Eigelb / Pfeffer nach Geschmack / 50 g Haselnüsse

Rosenkohl fein hacken und in eine Schüssel geben. Öl, Zitronensaft und Eigelb zu einer Marinade verrühren, mit etwas Pfeffer abschmecken. Die Marinade unterrühren, die Haselnüsse hacken und den Salat damit bestreuen.

Brokkoli-Salat

250 g Brokkoli / 50 g Champignons / 100 ml Schlagsahne / 1 EL Zitronensaft / Meersalz und Pfeffer nach Geschmack / Honig nach Geschmack / 3 Walnüsse

Den Brokkoli fein hacken, auch die zarten Stiele verwenden. Champignons in dünne Scheiben schneiden. Beides in einer Schüssel unterheben. Sahne mit Zitronensaft verrühren, mit Salz, Pfeffer und Honig abschmecken. Über das Gemüse geben, untermischen und kurz ziehen lassen. Die Walnüsse grob hacken und den Salat vor dem Servieren damit bestreuen.

Sauerkrautsalat

300 g Sauerkraut / 50 g Feldsalat / 1 kleine Zwiebel / 1 kleiner Apfel / 3 EL Öl / Pfeffer

Das Sauerkraut sorgfältig auseinanderzupfen und in einer Schüssel mit dem Feldsalat mischen. Die Zwiebel sehr fein würfeln, den Apfel in kleine Stücke schneiden und beides unter des Salat heben. Öl dazugeben, kräftig pfeffern und nochmals alles gut mischen. Gleich servieren.

Kohlrabi-Grünkern-Salat

3 EL Grünkern / 2 kleine Kohlrabi / 150 g Joghurt / 2 EL Zitronensaft / Pfeffer / 2 Tomaten / 1/2 Bund Petersilie

Grünkern einige Stunden in wenig Wasser einweichen, bis er weich ist. Kohlrabi raspeln und in einer Schüssel mit dem Grünkern mischen. Joghurt mit Zitronensaft glattrühren, mit Pfeffer würzen und unter den Salat mischen. Die Tomaten vierteln und auf dem Salat verteilen. Mit gehackter Petersilie garniert servieren.

Rote Bete

1 große Rote Bete / 2 Karotten / 1 säuerlicher Apfel / 1 EL Zitronensaft / 2 EL Öl / 2 EL Sonnenblumenkerne

Rote Bete, Karotte und Apfel raspeln und in einer großen Schüssel miteinander vermengen. Zitronensaft darüberträufeln und das Öl unterrühren. Kurz durchziehen lassen und mit Sonnenblumenkernen bestreut servieren.

Blumenkohlsalat

1 mittelgroßer Blumenkohl / 2 säuerliche Äpfel / 150 ml Kefir / 1 EL Zitronensaft / Muskat nach Geschmack / 1/2 grüne Paprika

Blumenkohl und Äpfel fein reiben und in einer großen Schüssel miteinander vermengen. Kefir und Zitronensaft verrühren, vorsichtig mit Muskat abschmecken und über den Salat gießen. Gut unterheben. Die Paprika in feine, schmale Streifen schneiden und den Salat damit garnieren. Gleich servieren.

Chinakohlsalat

300 g Chinakohl / 1 kleine Zwiebel / 4 EL Öl / 1 EL Sojasauce / Keime aus 1 EL Alfalfasamen / 1/2 Bund Petersilie

Chinakohl in fein Streifen schneiden und in eine Schüssel geben. Zwiebel sehr fein würfeln und untermischen. Öl und Sojasauce miteinander verrühren und über den Salat gießen. Kurz durchziehen lassen und mit den Alfalfakeimen und der Petersilie garniert servieren.

Sprossen-Feldsalat

Keime aus 3 EL Weizen / 100 g Feldsalat / 50 g milder Schafskäse / 3 EL Öl / 1 EL Zitronensaft / Pfeffer nach Geschmack

Weizensprossen und Feldsalat in einer Schüssel miteinander vermischen. Den Schafskäse mit einer Gabel zerbröseln und zu dem Gemüse geben. Öl und Zitronensaft verrühren, mit Pfeffer abschmecken und die Marinade unter den Salat heben. Kurz durchziehen lassen.

Bunter Salatteller

150 g Chicoree / 1 kleine Rote Bete / 2 Karotten / 100 g Feldsalat / 5 EL Mayonnaise (siehe S. 95) / Meersalz und Pfeffer nach Geschmack

Chicoree in schmale Streifen schneiden, Rote Bete und Karotten grob raspeln. Feldsalat auf einem großen Teller verteilen und die Gemüse darauf anrichten. Mayonnaise mit Salz und Pfeffer abschmecken und in einer Schale zu dem Salat reichen.

Endiviensalat

2 kleine Köpfe Endivien / 1 Zwiebel / 4 EL Öl / 2 EL Zitronensaft / Pfeffer nach Geschmack / 1/2 TL Kräutersenf / 1/2 Bund Petersilie

Endivienblätter in schmale Streifen schneiden, Zwiebel sehr fein würfeln und alles in einer Schüssel mischen. Öl und Zitronensaft verrühren, mit Pfeffer und Kräutersenf abschmecken und über den Salat geben. Petersilie mit den Händen zerpflücken und den Salat damit garnieren.

Hauptgerichte

Avocados „Julienne“

250 g Schweizer Käse / 4 Stangen Bleichsellerie / 100 g Champignons / 3 EL Öl / 3 EL Obstessig / 4 kleine Avocados / 1 Bund Petersilie

Käse feinwürfeln, Sellerie und Pilze in dünne Scheiben schneiden. Alles in eine Schüssel geben und vermengen. Öl und Essig leicht untermischen.
Avocados längs halbieren und Stein entfernen. Mit der Käsemischung füllen und feingehackte Petersilie darüberstreuen.

Brokkoli-Mandel-Auflauf

500 g Brokkoli / 3 Karotten / 75 g gemahlene Mandeln / 150 g Joghurt / 2 EL Sonnenblumenkerne / 2 EL Haselnüsse

Brokkoli in kleine Stückchen schneiden, Karotten grob raspeln, beides mit den Mandeln vermengen. Joghurt unterziehen und in eine dekorative Schüssel füllen. Vor dem Servieren mit gehackten Sonnenblumenkernen und Haselnüssen bestreuen.

Käse-Sprossen-Phantasie

500 g Rotkohl / 3 Karotten / 2 grüne Paprika / 1 kleine Pepperoni / 3 Tomaten / 1 Bund Frühlingszwiebeln / 200 g Mozarella / Sprossen aus einem EL Alfalfasamen /

Rotkohl und Karotten grob raspeln, Paprika und Pepperoni in dünne Streifen, Tomaten und Frühlingszwiebeln in Scheiben schneiden. Alle Gemüse in einer großen Schüssel miteinander vermengen und mit einem Lieblingsdressing (siehe dazu S. 85 bis 109) übergießen. Mozarella fein würfeln und das Ganze damit krönen. Mit Alfalfasprossen bestreuen und servieren.

Nussiger Hüttenkäse

400 g Hüttenkäse / 1 Zwiebel / 1 Bund Radieschen / 75 g Haselnüsse / 1/2 TL Paprika / 1 EL Zitronensaft / Salatblätter

Hüttenkäse in eine Schüssel geben, Zwiebel und Radischen würfeln und untermischen, Haselnüsse hacken und dazugeben. Mit Paprika und Zitronensaft abschmecken, eine Weile kühl stellen und auf Salatblättern angerichtet servieren.

Gemüseplatte mit Kräutersauce

2 Köpfe Salat / 3 Zwiebeln / 4 Tomaten / 400 g Mozarella / Knoblauch-Kräutersauce (siehe S. 98)

Den Salat verlesen und die Blätter in eine große Schüssel legen. Die Zwiebeln fein würfeln, Tomaten achteln und den Mozarella in Scheiben schneiden. Die Zutaten schichtweise auf dem Salat verteilen. Knoblauchsauce dazugeben und gut durchgezogen servieren.

Schnelle Sommerbohnen

200 g Hüttenkäse / 4 EL Mayonnaise (siehe S. 95) / 2 Knoblauchzehen / 150 g Cheddar-Käse / Sprossen aus 6 EL Adukibohnen / Salatblätter

Hüttenkäse mit Mayonnaise glattrühren, Knoblauch hineinpressen. Käse reiben und mit den Bohnensprossen mischen. Hüttenkäsecreme unterheben und auf Salatblättern angerichtet servieren.

Hüttenkäse „rot“

200 g Hüttenkäse / 1 TL Honig / 1-2 EL Wasser / 1 Rote Bete / 1 Kopf Salat / 250 g Weißkohl / 1 Zwiebel / 1 Bund Schnittlauch / 1/2 Bund Petersilie

Hüttenkäse mit dem Honig verrühren und beiseite stellen. Rote Bete grob raspeln, Salat und Kohl in feine Streifen schneiden. Die Gemüse in eine große Schüssel geben und miteinander vermengen. Zwiebel fein würfeln, Kräuter hacken und ebenfalls unterheben. Hüttenkäse unterziehen und servieren.

Basilikum-Avocados

125 ml Öl / 2 EL Zitronensaft / 2 Bund Basilikum / 1 Knoblauchzehe / 2 EL Sonnenblumenkerne / 200 g Tofu / 3 EL Parmesan / 4 kleine Avocado / 4 Tomaten

Öl und Zitronensaft verrühren. Basilikum fein hacken, Knoblauch pressen und dazugeben. Alles im Mixer glattrühren. Sonnenblumenkerne hacken, Tofu zerbröseln und mit dem Parmesan untermengen. Solange rühren, bis die Masse eine sahnige Konsistenz hat.
Avocado längs halbieren und den Stein entfernen. Die Basilikum-Masse auf die Avocadohälften verteilen, mit Tomatenscheiben umgeben servieren.

Käse-Zucchini-Avocados

3 mittelgroße Zucchini / 250 g Greyerzer Käse / 50 g Walnüsse / Curry-Dip (siehe S. 105) / 4 kleine Avocados / Sprossen aus 1 EL Alfalfasamen

Zucchini grob raspeln, Käse fein würfeln, Walnüsse hacken. Alles in eine Schüssel geben und mit dem Curry-Dip vermengen. Avocados halbieren, Stein entfernen und die Käse-Zucchini-Masse darauf verteilen. Mit Alfalfasprossen garniert servieren.

Spinatpastete

100 g Walnüsse / 50 weiche Butter / 150 g Joghurt / 1/2 TL gemahlene Senfkörner / 200 g Spinat / 100 g Champignons

Walnüsse hacken, mit der Butter verrühren und den Boden einer kleinen Auflaufform damit bestreichen. Eine Stunde kühlstellen. Joghurt mit gemahlenem Senf glattrühren.
Spinat und Pilze fein hacken, Joghurt unterheben. Die Masse auf dem Nuß-Butterboden gleichmäßig verteilen und nochmals eine Stunde kühlstellen.
Mit einem scharfen Messer in Portionen teilen.

Hüttenkäse mit Sprossen

400 g Hüttenkäse / Meersalz nach Geschmack / 1 Bund Frühlingszwiebeln / 50 g Champignons / Sprossen aus 2 EL Mungbohnen und 1 EL Linsen / Salatblätter

Hüttenkäse geschmeidig rühren, nach Geschmack salzen. Frühlingszwiebeln und Pilze in feine Scheiben schneiden und beides mit den Sprossen mischen. Hüttenkäse unterrühren und auf Salatblättern angerichtet servieren.

Gurkenschiffchen

4 Gurken / 150 g frische Erbsen / 4 Frühlingszwiebeln / 50 g Walnüsse / 100 g Tofu / 150 g Joghurt / 1 Bund Dill / 4 große Karotten

Die Gurken längs halbieren, Kerne entfernen und beiseite stellen. Erbsen in eine Schüssel geben, Frühlingszwiebeln in dünne Scheiben schneiden, Walnüsse grob hacken und untermischen. Tofu fein würfeln, Joghurt und feingehackten Dill verrühren und vorsichtig unterziehen.
Die Gurkenhälften mit der Masse füllen.
Karotten grob raspeln und gleichmäßig auf 4 Portionstellern verteilen. Je 2 Gurkenschiffchen auf die Karotten setzen und servieren.

Avocado-Mandel-Berg

4 kleine Avocados / Saft von 2 Zitronen / 1 TL Basilikum / 1/2 TL Beifuß / 1 Prise Cayennepfeffer / 1 Bund Petersilie / 150 g Sellerie / 2 Karotten / 200 g Weißkohl / 1 Zwiebel / Salatblätter / 100 g Mandeln

Avocados schälen und mit Zitronensaft zerdrücken. Kräuter, Pfeffer und feingewiegte Petersilie unterrühren. Alles zu einer glatten Creme verarbeiten.
Sellerie und Karotten grob raspeln, Weißkohl fein hacken, Zwiebel würfeln. Gemüse in eine große Schüssel geben und mit der Avocadocreme vermengen.
Auf Salatblättern anrichten, mit gehackten Mandeln bestreut servieren.

Brokkoli mit Sprossen

4 Tassen Mungbohnensprossen / 500 g Brokkoli / 2 Stangen Bleichsellerie / 5 EL Sesamöl / 2 EL Sojasauce / 1 TL Honig

Mungbohnensprossen auf einem großen Teller verteilen. Brokkoli grob hacken, Bleichsellerie in dünne Scheiben schneiden und ebenfalls auf dem Teller anrichten.
Öl, Sojasauce und Honig zu einer Marinade rühren und über die Gemüse gießen. Gleich servieren.

Obst mit Sprossen

1000 g saftiges Obst (verschiedene Sorten nach Geschmack und Jahreszeit) / 1 Tasse Hafersprossen / 1/2 Tasse Weizensprossen / Saft einer Zitrone / Honig nach Geschmack / 3 EL Sonnenblumenkerne

Obst in kleine Stückchen schneiden und in eine große Schüssel geben. Hafer- und Weizensprossen untermischen. Zitronensaft mit Honig verrühren und dazugeben. Mit Sonnenblumenkernen bestreuen und servieren.

Avocados „spezial“

2 Avocados / 3 Frühlingszwiebeln / 5 Tomaten / 2 EL Öl / 2 EL Obstessig / 1 TL Oregano / 2 EL Sonnenblumenkerne / 2 EL Sesam

Avocados schälen, würfeln und in eine große Schüssel geben. Frühlingszwiebeln in feine Scheiben schneiden, Tomaten achteln und unterheben. Öl, Essig und Oregano verrühren und dazugeben. Leicht untermischen. Sonnenblumenkerne und Sesam darüberstreuen und servieren.

Gemüse mariniert

4 EL Sojasauce / 8 EL Rotweinessig / 1 Tasse Wasser / 4 Knoblauchzehen / 1 Stückchen Ingwer nach Geschmack / 2 kleine Zucchini / 2 Stengel Brokkoli / 200 g Pilze / 1 kleiner Blumenkohl

Sojasauce mit Essig und Wasser verrühren. Knoblauch hineinpressen, Ingwer fein hacken und dazugeben.
Zucchini würfeln, Brokkoli und Pilze hacken, Blumenkohl in kleine Röschen zerteilen. Die Gemüse miteinander gut vermischen und mit der Marinade begießen.
Zwei Stunden ziehen lassen, dabei die Gemüse gelegentlich wenden. Vor dem Servieren die Marinade abgießen.

Buntes Getreide

200 g Weizen / 75 g Mandeln / 3 EL Maiskörner / 3 EL frische Erbsen / 1 grüne Paprika / 1 Tomate / 3 Frühlingszwiebeln / Salatblätter / Cremesauce „fernost" (s. S. 101)

Das Getreide über Nacht in Wasser einweichen, am nächsten Tag abtropfen lassen und in eine Schüssel geben. Mandeln grob hacken und dazugeben. Mais und Erbsen ebenfalls hinzufügen. Paprika grob hacken, Frühlingszwiebeln in feine Scheiben schneiden, Tomate achteln. Alles in einer großen Schüssel vermengen.
Die Sauce dazugeben und auf Salatblättern anrichten.

Petersiliengetreide

250 g Getreide nach Wahl / 1 Gurke / 1 Bund Frühlingszwiebeln / 1 Tasse Mungbohnensprossen / Salatblätter / Petersiliensauce (siehe S. 101)

Getreide über Nacht in Wasser quellen lassen, am nächsten Tag abtropfen und in eine Schüssel geben. Gurke und Frühlingszwiebeln in dünne Scheiben schneiden und zu dem Getreide geben, Bohnensprossen unterheben.
Auf Salat anrichten, die Petersiliensauce separat servieren.

Weizen „italienisch“

250 g Weizen / 1 rote Zwiebel / 4 Tomaten / 1 grüne Paprika / Italienische Kräutersauce (siehe S. 93)

Weizen mit Wasser bedeckt über Nacht (oder länger) quellen lassen. Am nächsten Tag abtropfen lassen. Zwiebel fein hacken, Tomaten in Scheiben schneiden, Paprika würfeln. Alles miteinander vermengen, Kräutersauce darübergeben und vor dem Servieren etwas durchziehen lassen.

Gefüllte Paprika

100 g Getreide nach Wahl / 4 große rote Paprika / 2 Stangen Bleichsellerie / 250 g Kürbis / 200 g Gouda

Getreide über Nacht (oder länger) in Wasser einweichen. Am nächsten Tag abtropfen lassen. Paprika der Länge nach halbieren und entkernen. Sellerie in kleine Stückchen schneiden, Kürbis raspeln.
Gemüse und Getreide mischen und in die Paprikahälften füllen. Den Käse reiben und darüberstreuen.
Mit einer Lieblingssauce (siehe S. 85) anrichten und servieren.

Weizen-Tomaten

150 g Weizen / 4 große Tomaten / 1 Stange Bleichsellerie / 50 g Edelpilzkäse / 2 EL Mayonnaise (siehe S. 95) / 1/2 Bund Petersilie / 4 Blättchen Basilikum

Weizen über Nacht (oder länger) in Wasser einweichen, am nächsten Tag abtropfen lassen. Von den Tomaten die Deckel abschneiden und vorsichtig aushöhlen, mit der Öffnung nach unten auf ein Küchentuch legen.
Sellerie fein hacken, Käse mit einer Gabel zerdrücken und beides unter den gequollenen Weizen mischen. Mayonnaise und feingehackte Kräuter unterrühren und die Tomaten füllen. Deckel wieder aufsetzen und gleich servieren.

Waldorfgetreide

150 g Getreide nach Wahl / 1 kleine Sellerieknolle / 50 g Walnüsse / 50 g Rosinen / 2 EL Mayonnaise (siehe S. 95) / 2 Äpfel / Zitronensaft nach Geschmack

Getreide mit Wasser bedeckt über Nacht (oder länger) quellen, am nächsten Tag abtropfen lassen. Sellerie raspeln, Walnüsse grob hacken und untermischen. Rosinen, Mayonnaise und gewürfelte Äpfel dazugeben, alles gut miteinander vermengen. Mit Zitronensaft abschmecken.
Waldorfgetreide „solo“ oder zu einem Rohkostteller servieren.

Zucchini mit Grünkern

150 g Grünkern / 2 mittelgroße Zucchini / 1 kleiner Rettich / 3 Frühlingszwiebeln / 1 kleine grüne Paprika / 125 ml Öl / Saft einer Zitrone / 2 Knoblauchzehen

Den Grünkern einige Stunden mit Wasser bedeckt quellen lassen, bis er weich ist. Zucchini halbieren und in Scheiben schneiden, Rettich raspeln, Frühlingszwiebeln in dünne Scheiben schneiden, Paprika würfeln.
Öl, Zitronensaft und gepreßten Knoblauch zu einer Marinade rühren.
Abgetropftes Getreide mit dem Gemüse in einer großen Schüssel mischen, Marinade unterheben und servieren.

Bunter Sprossensalat

1 Tasse Linsensprossen / 1 Tasse Alfalfasprossen / 1 Tasse frische Erbsen / 2 kleine Zwiebeln / 1 rote Paprika / 1 mittelgroße Zucchini / 1/2 Salatgurke / 4 Tomaten / 150 g Schafskäse / Salatsauce „pikant" (siehe S. 99)

Sprossen und Erbsen in einer großen Schüssel mischen. Zwiebeln und Paprika fein würfeln und dazugeben. Zucchini, Gurke und Tomaten in Scheiben schneiden und vorsichtig unterheben.

Den Schafkäse zerbröseln und über dem Salat verteilen. Salatsauce „pikant" darübergießen und vor dem Servieren etwas durchziehen lassen.

Erdnuß-Kürbis

2 kleine Köpfe Salat / 500 g Kürbis / 1 kleine Zucchini / 50 g Champignons / 3 EL frische Erbsen / Tofu-Erdnuß-Sauce (siehe S. 99) / 1 Karotte

Salatblätter grob hacken und auf 4 Portionsteller verteilen. Kürbis raspeln, Zucchini würfeln, Champignons in dünne Scheiben schneiden. Die Gemüse in einer Schüssel vermischen, Erbsen unterheben. Auf die Portionsteller verteilen, Sauce darübergeben und mit feinen Karottenraspeln garniert servieren.

Käse-Chicoree

200 g Butterkäse / 50 g Frischkäse / 3 EL weiche Butter / 50 g Walnüsse / 1 Bund Petersilie / 1 Zwiebel / 4 Chicoree

Butter- und Frischkäse würfeln bzw. zerdrücken und einige Zeit bei Zimmertemperatur stehen lassen. Butter dazugeben und mit dem Mixer glattrühren, Walnüsse, Petersilie und Zwiebel fein hacken und unterheben.
Chicoree in Scheiben schneiden (eventuell den etwas bitteren Kern entfernen) und auf Portionstellern anrichten. Käsecreme darübergeben und servieren.

Bunte Gemüse mit Avocado

2 Bund Radieschen / 2 mittelgroße Zucchini / 100 g Champignons / 300 g Cheddar-Käse / Avocadosauce (siehe S. 100) / 1/2 Bund Petersilie / 1/2 rote Paprika

Radieschen, Zucchini und Champignons in dünne Scheiben schneiden. Käse würfeln. Gemüse mit dem Käse mischen. Auf vier Portionstellern in die Mitte je eine kleine Tasse stellen und die Gemüse-Käse-Mischung um die Tassen herum anrichten.

Eine Portion Avocado-Sauce in jede Tasse geben, mit gehackter Petersilie und gewürfelter Paprika garnieren. Gleich servieren.

Alfalfa-Frikadellen

4 Tassen Alfalfa-Sprossen / 1 Zwiebel / 1/2 Bund Petersilie / 1 Tasse gemahlene Sonnenblumenkerne / Kräuter-Tomatensauce (siehe S. 87)

Alfalfasprossen, Zwiebel und Petersilie sehr fein hacken. Mit soviel gemahlenen Sonnenblumenkernen mischen, daß die Masse formbar wird.
Zu Frikadellen formen und mit Kräuter-Tomaten-Sauce servieren.

Buchweizensalat

200 g Buchweizen / 2 Tassen Tomatensaft / 150 g Joghurt / 3 Frühlingszwiebeln / 1 kleine Sellerieknolle / 1 kleine Paprika / 1 Tasse Mungbohnensprossen / Salatblätter

Buchweizen grob schroten und mit Tomatensaft bedeckt eine halbe Stunde stehen lassen. Joghurt unterrühren. Frühlingszwiebeln in dünne Scheiben schneiden, Sellerie grob raspeln, Paprika würfeln und dazugeben. Bohnensprossen hinzufügen und gut durchmischen.
Auf Salatblättern angerichtet servieren.

Hüttenkäse-Getreide

150 g Weizen / 400 g Hüttenkäse / 2 Paprika / 1 Bund Petersilie / Curry-Dip (siehe S. 105) / 1 Tasse Alfalfasprossen

Weizen über Nacht mit Wasser bedeckt quellen lassen. Abtropfen und mit dem Hüttenkäse mischen. Petersilie feinhacken und dazugeben.
Die Mischung auf Portionsteller verteilen, in der Mitte jeweils eine Vertiefung machen und den Curry-Dip hineingeben. Mit den Sprossen bestreuen und servieren.

Bulgur-Flocken-Gemüse

1 Tasse Bulgur / 3 EL Haferflocken /
1 Tasse Roggenflocken / 1 kleines Stückchen Ingwer /
1 Prise Muskat / Koriander nach Geschmack /
1 Prise Cayennepfeffer / 1 Karotte / 1 kleine Sellerieknolle /
200 g Rotkohl / 1 Zwiebel / Saft einer Zitrone /
2 EL Sesam / Salatblätter

Bulgur, Roggen- und Haferflocken mit Wasser bedeckt einige Stunden quellen lassen. Am nächsten Tag mit kleingehacktem Ingwer, Muskat, Koriander und Cayennepfeffer würzen. Karotte und Sellerie reiben, Rotkohl und Zwiebel hacken. Zitronensaft und Sesam untermischen und alles gut miteinander vermengen.
Auf Salatblättern angerichtet servieren.

Buchweizengrütze „Orient“

250 g Buchweizen / 2 Tassen Karottensaft / 2 Tomaten / 1 Bund Frühlingszwiebeln / 1 Bund Petersilie / 150 g Joghurt / 2 EL Mayonnaise (siehe S. 95) / Saft einer Zitrone / 1 TL Curry / Salatblätter

Buchweizen grob schroten, mit Karottensaft bedecken und eine halbe Stunde quellen lassen. Tomaten und Frühlingsziebeln in dünne Scheiben schneiden, Petersilie fein hacken und mit dem Buchweizen mischen.
Joghurt, Mayonnaise, Zitronensaft und Curry glattrühren und unterheben. Auf Salatblättern servieren.

Weizen „süß-sauer“

200 g Weizen / 150 g Weißkohl / 1 kleine Gurke / 1 Karotte / 1 Tasse Sojabohnensprossen / 2 Tassen frische Erbsen / 1 Bund Petersilie / 1 Bund Schnittlauch / Sauce „süß-sauer“ (siehe S. 102)

Weizen über Nacht mit Wasser bedeckt quellen, am nächsten Tag abtropfen lassen.
Den Kohl hacken, die Gurke in Scheiben schneiden, Karotte fein reiben. Mit den Sprossen und den Erbsen in eine Schüssel geben und mischen. Weizen hinzufügen und gut vermengen. Petersilie und Schnittlauch fein hacken und darüberstreuen. Mit der Sauce begießen und vor dem Servieren etwas durchziehen lassen.

Dressings, Dips und süße Saucen

Käse-Dressing

100 g saure Sahne / 3 EL Mayonnaise (siehe S. 95) / 2 EL Zitronensaft / 2 EL Weinessig / 50 g Edelpilzkäse / Pfeffer nach Geschmack

Saure Sahne, Mayonnaise, Zitronensaft und Essig miteinander verrühren. Den Käse fein zerbröseln und unterheben. Mit Pfeffer abschmecken und eine Stunde ziehen lassen.

Cashew-Sauce

75 g Cashewpaste (siehe S. 94) / 100 g Joghurt / 3 EL Weinessig / 1 Bund Schnittlauch / Pfeffer

Cashew-Paste, Joghurt und Essig gründlich miteinander verrühren. Mit kleingehacktem Schnittlauch und Pfeffer abschmecken. Gut gekühlt zu grünem Salat verwenden.

Zwiebelsauce

2 Schalotten / 1 EL Kräutersenf / 6 EL Weinessig / 100 ml Leinöl / (Milch oder Sahne zum Verdünnen)

Die Schalotten sehr fein schneiden und mit dem übrigen Zutaten im Mixer gründlich durchrühren. Diese Sauce eignet sich sehr gut als Dip zu Gemüse. Soll sie als Salatsauce verwendet werden, mit Milch oder Sahne verdünnen.

Obstsauce

2 Bananen / 250 g Joghurt / 1 Vanilleschote / 1-2 EL Honig

Die Bananen zerdrücken und gut mit dem Joghurt verrühren. Die Vanilleschote längs halbieren, Mark herauskratzen und untermischen. Mit Honig abschmecken. Gut gekühlt zu jeder Art von Obst servieren.

Kräuter-Tomatensauce

3 Tomaten / je eine Prise Thymian, Rosmarin, Oregano und Basilikum / 2 EL Sonnenblumenkerne / 1 Knoblauchzehe

Tomaten überbrühen, enthäuten und kleinschneiden. Kräuter, Sonnenblumenkerne und gepreßten Knoblauch dazugeben und mit dem Mixer verrühren. Paßt gut zu Getreidegerichten.

Scharfe Erdnußsauce

100 g Erdnußbutter (siehe S. 95) / Saft einer Zitrone / 100 ml Erdnußöl / 2 Knoblauchzehen / 1/2 TL Pfeffer

Erdnußbutter, Zitronensaft und Öl solange verrühren, bis sich alles gut verbunden hat. Knoblauch hineinpressen, mit Pfeffer würzen und nochmals durchrühren.

Zitronen-Dip

*3 EL Mayonnaise (siehe S. 95) / 2 EL Milch /
100 g Hüttenkäse / 1 EL Zitronensaft /
abgeriebene Schale einer halben Zitrone*

Alle Zutaten miteinander vermischen. Gut gekühlt servieren. Schmeckt besonders frisch.

Leichte Sauce

*100 g Hüttenkäse / 1/4 l Buttermilch /
Saft einer halben Zitrone / 1/2 grüne Paprika /
1 Knoblauchzehe / Meersalz / Paprika*

Hüttenkäse, Buttermilch und Zitronensaft verrühren. Paprika in kleine Würfel schneiden, Knoblauch pressen und unter die Sauce rühren. Mit Salz und Paprika abschmecken und etwas durchziehen lassen.

Kürbiskernsauce

75 g Kürbiskerne / 5 EL Olivenöl / 2 EL Essig / abgeriebeneSchale einer halben Zitrone / 1 TL Estragon / 1 Prise Muskat

Die Kürbiskerne sehr fein hacken. Mit Öl und Essig gründlich mischen. Zitronenschale und Gewürze hinzufügen und kurz durchziehen lassen. Zu grünem Salat servieren.

Roquefortsauce

125 ml Öl / 4 EL Weinessig / 50 g Roquefort-Käse / 1 kleine Zwiebel / 1 Lorbeerblatt / Pfeffer nach Geschmack

Öl und Essig in ein Glas mit fest verschließbarem Deckel gießen. Roquefortkäse zerbröseln und dazugeben. Die Zwiebel sehr fein hacken, das Lorbeerblatt zwischen den Fingern zerreiben und in das Glas füllen und würzen. Das Glas verschließen. Kräftig schütteln bis alles gut vermischt ist. Paßt zu vielerei Gemüsesalaten.

Senf-Sahne-Sauce

150 g saure Sahne / 1 EL Obstessig / 1/4 TL gemahlene Senfkörner / 1 EL Honig

Saure Sahne mit dem Essig glattrühren. Mit Senf und Honig würzen. Eine Stunde ruhen lassen. Zu Krautsalaten verwenden.

Erdbeersauce

100 g Erdbeeren / 1 EL Honig / 4 EL Mayonnaise (siehe S. 95)

Die Erdbeeren in kleine Stückchen schneiden und in eine Schüssel geben. Honig hinzufügen und die Erdbeeren leicht mit der Gabel zerdrücken. Mit der Mayonnaise glattrühren und 1 Stunde kühlstellen. Zu Fruchtsalaten reichen.

Sommer-Dip

1 Ei / 4 EL Öl / 2 EL Essig / 1 EL Honig / 1 kleine Zwiebel / 1 Bund Petersilie / 100 g Spinat

Ei, Öl, Essig und Honig mit dem Mixer verrühren. Die Zwiebel in kleine Würfel schneiden, Petersilie und Spinat fein hacken und mit den übrigen Zutaten gut vermengen.

Tafelberg-Sauce

1/4 l Öl / 5 Knoblauchzehen / 1 EL Sojasauce / 3 EL Sesam

Alle Zutaten gut miteinander vermischen (Knoblauch gepreßt). Paßt am besten zu Möhrenrohkost und grünem Salat.

Tahin-Sauce

100 g Sesam / 2 EL Öl / Essig / 100 ml Wasser / 2 Knoblauchzehen / Saft einer Zitrone

Sesam in der Mühle mahlen. Öl, einige Tropfen Essig und Wasser unterrühren. Knoblauch pressen und mit dem Zitronensaft dazugeben. Gründlich glattrühren.

Waldorf-Sauce

150 g Joghurt / 1 TL Honig / 2 EL Rosinen / 1/4 TL Zimt / abgeriebene Zitronenschale

Joghurt mit dem Honig glattrühren. Rosinen unterheben, mit Zimt und Zitronenschale abschmecken. Zu gewürfelten Äpfeln und Sellerierohkost reichen.

Joghurt-Gurken-Sauce

150 g Joghurt / 1 kleine Gurke / 1 kleine Zwiebel / 1/2 Bund Dill / Meersalz

Joghurt in eine Schüssel geben. Gurke und Zwiebel sehr fein würfeln, Dill hacken und alles unter den Joghurt rühren. Mit Salz abschmecken und gekühlt servieren.

Italienische Kräutersauce

250 ml Sonnenblumenöl / 100 ml Obstessig / 10 Knoblauchzehen / 2 EL Sojasauce / 1 EL Honig / 1 kleine Zwiebel / 1/4 TL gemahlene Senfkörner / 1/4 TL Paprika / 1/4 TL Cayennepfeffer / 1/2 TL Basilikum / 1 TL Oregano / 1 Prise Thymian / 50 g Parmesan

Öl und Essig in eine großes Glas mit festverschließbarem Deckel gießen. Knoblauch hineinpressen und Sojasauce sowie Honig dazugeben. Die Zwiebel feinhacken und ebenfalls hinzufügen. Mit den angegebenen Kräutern und Gewürzen abschmecken, Parmesan nach Belieben verwenden.
Das Glas verschließen und kräftig schütteln. Gekühlt verwenden.
Diese Sauce läßt sich prima auf Vorrat bereiten. Im Kühlschrank aufbewahren, dort hält sie sich mehrere Wochen.

Aioli-Sauce

10 Knoblauchzehen / 4 Eigelb / 1 EL heißes Wasser / Pfeffer / 1 Tasse Olivenöl / 1 Tasse Distelöl / 1 EL Zitronensaft

Knoblauch in eine große runde Schüssel pressen, Eigelb dazugeben und gründlich verrühren. Wasser einrühren und nach Geschmack pfeffern.
Das Öl unter gleichmäßigem Rühren tropfenweise hineinträufeln, bis mehr als die Hälfte verbraucht ist. Der Rest kann in größeren Mengen hinzugefügt werden. Die Sauce sollte um so dicker werden, je mehr Öl beigegeben wird. Zum Schluß den Zitronensaft unterrühren.
Als Dip sowie als Salatsauce verwendbar.

Cashew-Paste

100 g Cashewkerne / Wasser

Die Cashewkerne kleinhacken und über Nacht mit Wasser bedeckt einweichen. Am nächsten Tag im Mixer zu einer Paste glattpürieren. In einer kleinen Schale bedeckt bei Raumtemperatur ruhen lassen (dies bewirkt eine ganz leichte Fermentierung).

Erdnußbutter

2 Tassen Erdnüsse / 100 bis 150 ml Erdnußöl / 1/2 TL Sojasauce

Erdnüsse in kleinen Mengen und unter langsamer Zugabe des Öls im Mixer pürieren. Mit Sojasauce abschmecken.
Soll die Erdnußbutter etwas grober sein, einige gehackte Erdnüsse unterrühren.

Mayonnaise

2 Eigelb / 1 TL Essig / 1 Tasse Öl / 1 EL Zitronensaft / 1/2 TL gemahlene Senfkörner

Ein kleines Schüsselchen anwärmen, darin (zimmerwarm) Eigelb und Essig leicht verquirlen (Schneebesen oder Elektromixer bei mittlerer Geschwindigkeit). Das Öl tropfenweise und unter gleichmäßigem Rühren dazugeben, wenn die Masse schon etwas eingedickt ist, kann man eßlöffelweise vorgehen. Zitronensaft und Senf zufügen und weiterrühren, bis die Masse schön glatt ist.
Im Kühlschrank aufbewahrt hält sich die Mayonnaise ungefähr vier bis sechs Wochen.

Saure Sahne-Sauce

2 EL Essig / 1 TL Honig / 150 g saure Sahne

Essig und Honig verrühren und die saure Sahne damit glattrühren.

Sahne-Dattel-Sauce

200 g saure Sahne / 2 EL Orangensaft / abgeriebene Orangenschale nach Geschmack / Muskat / 50 g Datteln

Saure Sahne mit Orangensaft glattrühren. Mit Orangenschale und Muskat abschmecken. Die Datteln entsteinen und sehr fein hacken. Zur Sahne geben und unterheben.

Ricottasauce

250 g Ricotta / 1 Zwiebel / 3 EL Zitronensaft / 2 EL Öl / 100 g Joghurt

Den Käse fein zerbröseln, die Zwiebel würfeln und in eine Schüssel geben. Mit Zitronensaft und Öl cremig rühren. Joghurt zufügen, verrühren und gleich servieren.

Erdnußsauce

1 Ei / 1/2 TL gemahlene Senfkörner / 1 TL Honig / 5 EL Zitronensaft / 100 ml Erdnußöl / 1 kleine Pepperoni

Ei mit Senf, Honig und Zitronensaft verrühren. Das Öl langsam hineinlaufen lassen und im Mixer pürieren. Die Pepperoni fein hacken und unterheben.

Joghurt-Curry-Dressing

1 TL Curry / 1 EL Zitronensaft / 150 g Joghurt / 1/2 Bund Dill

Curry mit Zitronensaft mischen und unter den Joghurt rühren. Dill fein hacken und untermischen. Kurz durchziehen lassen.
Das Dressing hält sich im Kühlschrank drei bis vier Tage.

Knoblauch-Kräutersauce

250 ml Olivenöl / 100 ml Obstessig / 3 Knoblauchzehen / 50 g Kürbiskerne / 50 g Parmesan / 100 g Spinat / 1 Bund Basilikum / 1 Bund Petersilie

Öl und Essig mischen, Knoblauch hineinpressen. Kürbiskerne fein hacken und dazugeben, Parmesan unterrühren. Spinat (Mittelrippe entfernen) und Kräuter fein wiegen und untermischen.
Gut verschlossen aufbewahrt hält sich die Sauce einige Wochen im Kühlschrank.

Salatsauce „pikant“

100 ml Öl / 100 ml Essig / 1 Knoblauchzehe /
1 Prise Cayennepfeffer

Öl und Essig mischen, Knoblauch hineinpressen und die Sauce mit Cayennepfeffer abschmecken.

Tofu-Erdnußsauce

250 g Tofu / 100 g Joghurt /
100 g Erdnußbutter (siehe S. 95)

Tofu mit einer Gabel zerdrücken und mit dem Joghurt mischen. Erdnußbutter dazugeben und zu einer glatten Creme rühren.
Paßt zu fast allen Rohkostsalaten.

Avocadosauce

*2 Avocado / 2 EL Mayonnaise (siehe S. 95) /
3 EL Zitronensaft / 2 EL Öl / 1 kleine Zwiebel*

Avocado mit einer Gabel zerdrücken. Mayonnaise, Zitronensaft und Öl dazugeben und cremig rühren. Die Zwiebel sehr fein würfeln und untermischen. Sofort servieren.

Cheddarsauce

150 g Cheddarkäse / 150 g Joghurt / 3 EL Weinessig

Den Käse reiben und mit dem Joghurt mischen. Weinessig unterrühren und gleich servieren.

Cremesauce „fernost“

150 g Joghurt / 3 EL Mayonnaise (siehe S. 95) / 2 EL Öl / 1 EL Zitronensaft / 2 Knoblauchzehen / 1 TL Kreuzkümmel / 1 Prise Kurkuma

Joghurt und Mayonnaise mit Öl und Zitronensaft glattrühren. Knoblauch hineinpressen und mit Kreuzkümmel und Kurkuma abschmecken.
Einige Stunden durchziehen lassen.

Petersiliensauce

100 ml Öl / 50 ml Essig / 2 Bund Petersilie / 75 g Mandeln

Öl und Essig mischen, Petersilie fein wiegen und unterrühren. Mandeln überbrühen, enthäuten und fein hacken. In die Sauce geben und gleich servieren.

Sauce „süß-sauer“

5 EL Essig / 2 EL Zitronensaft / 1 EL Honig / 3 Knoblauchzehen / 1 TL Ingwer / 1 TL Paprika / 1 TL Curry

Essig, Zitronensaft und Honig mischen und Knoblauch hineinpressen. Mit den Gewürzen abschmecken und gut durchziehen lassen.

Kräutersenf

1 Ei / 1 EL Öl / 1 EL Essig / 1 Schuß Sojasauce / 2 TL gemahlene Senfkörner / 1/4 TL Pfeilwurzelmehl / 2 TL Kräuter (Dill, Kerbel, Oregano) / Cayennepfeffer

Das Ei mit dem Mixer verquirlen, Öl, Essig und Sojasauce hinzufügen und gut verrühren. Senf, Pfeilwurzelmehl, Kräuter und Pfeffer hizufügen und im Wasserbad unter ständigem Rühren eindicken lassen. In ein kochendheiß gespültes Glas mit fest verschließbarem Deckel füllen und abkühlen lassen.

Grüner Dip

100 g Spinat / 1 Bund Schnittlauch / 1 Bund Petersilie / 200 g saure Sahne / 3 Knoblauchzehen / 1 EL Sesam

Spinat (Mittelrippe entfernen), Schnittlauch und Petersilie fein wiegen und in eine Schüssel geben. Saure Sahne unterrühren, Knoblauch hineinpressen und Sesam unterrühren. Zu Gemüse- und Getreidegerichten servieren.

Käse-Dip

150 g saure Sahne / 50 g Edelpilzkäse / 1 Schuß Sojasauce

Saure Sahne in eine Schüssel geben, Käse fein zerbröseln und unterrühren. Mit Sojasauce abschmecken.

Hüttenkäse-Dip

200 g Hüttenkäse / 4 EL Mayonnaise (siehe S. 95) / 1 EL Sojasauce / 1/2 TL Curry / 1 Knoblauchzehe / 1 kleine Zwiebel / 1/2 Bund Petersilie

Hüttenkäse und Mayonnaise verühren, mit Sojasauce und Curry abschmecken. Knoblauch hineinpressen, Zwiebel feinhacken und unterrühren. In ein Schüsselchen füllen, Petersilie grob hacken und den Dip damit garnieren.

Sahne-Dill-Dip

150 g Joghurt / 3 EL Mayonnaise (siehe S.95) / 1 Knoblauchzehe / 1 kleine Zwiebel / 1/2 TL geriebener Meerrettich / Meersalz / 1 Bund Dill

Joghurt und Mayonnaise mischen. Knoblauch hineinpressen, die Zwiebel sehr fein hacken und dazugeben. Mit Meerrettich und Salz abschmecken. Dill hacken und unterheben. Ein bis zwei Stunden durchziehen lassen. Paßt gut zu Gemüsegerichten.

Gurkendip

100 g saure Sahne / 100 g Mayonnaise (siehe S. 95) /
1 EL Zitronensaft / 1 kleine Gurke / Meersalz

Saure Sahne mit Mayonnaise und Zitronensaft glattrühren. Die Gurke fein würfeln und untermischen. Mit Salz abgeschmeckt servieren.

Curry-Dip

100 g Joghurt / 100 g Mayonnaise / 1 TL Curry /
1/2 TL Koriander / 1 Prise Ingwer / 1 Prise Cayennepfeffer

Joghurt mit der Mayonnaise glattrühren. Mit den angegebenen Gewürzen abschmecken und durchziehen lassen.
Zu Gemüse servieren.

Pesto

3 Bund Basilikum / 150 ml Olivenöl / 2 Knoblauchzehen / 75 g Nüsse nach Wahl

Basilikum sehr fein wiegen und gut mit dem Öl verrühren, Knoblauch hineinpressen. Nüsse fein hacken und unterheben. Gleich servieren.
Paßt besonders gut zu Sprossen.

Kirsch-Sauce

250 g Kirschen / 1 TL Zitronensaft / 75 g gemahlene Mandeln

Kirschen entsteinen und im Mixer pürieren. Zitronensaft und Mandeln unterrühren.
Als Sauce zu den verschiedensten Früchten servieren.

Carob-Creme

150 ml Schlagsahne / 2 EL Honig / 1/2 Vanilleschote / 3 EL Carobpulver

Sahne in eine gekühlte Rührschüssel geben und schlagen bis sie Blasen wirft. Honig, ausgekratztes Vanillemark und Carobpulver hinzufügen und die Masse steif schlagen.
Mit frischen Früchten servieren.

Honig-Creme

4 EL Butter / 2 EL Honig / 100 ml Schlagsahne

Butter und Honig im Mixer schaumig schlagen. Nach und nach die Sahne zufügen und weiterschlagen, bis die Creme weich und schaumig ist.
Paßt zu allen frischen Früchten.

Honig-Joghurt-Creme

250 g Joghurt / 4 EL Honig / 2 EL Zitronensaft / abgeriebene Schale einer halben Zitrone / 1/2 Vanilleschote

Joghurt und Honig glattrühren. Zitronensaft und -schale dazugeben. Vanilleschote längs halbieren, Mark auskratzen und ebenfalls unterrühren. Etwas durchziehen lassen und zu frischen Früchten servieren.

Carob-Joghurt-Creme

2 EL Honig / 2 EL Butter / 150 g Joghurt / 2 EL Carobpulver / 1/2 Vanilleschote

Honig und Butter im Mixer schaumig rühren. Joghurt, Carobpulver und ausgekratztes Vanillemark dazugeben und gut verrühren. Schmeckt über Früchten oder auch „solo“ als Dessert.

Kräuter-Marinade

*100 ml Öl / Saft einer Zitrone / 1 Knoblauchzehe /
1 Bund Petersilie / 1 Bund Schnittlauch /
Cayennepfeffer nach Geschmack*

Öl und Zitronensaft mischen, Knoblauch hineinpressen. Die Kräuter fein hacken und dazugeben. Mit Cayennepfeffer abschmecken und kurz durchziehen lassen.

Süßigkeiten und Desserts

Bananenbrot

2 Eier / 1/2 Vanilleschote / 3 EL Honig / 2 Bananen / 2 Tassen Weizenvollkornmehl

Eier in eine Schüssel geben. Vanilleschote längs halbieren, Mark auskratzen und dazugeben. Honig unterrühren, Bananen mit einer Gabel zerdrücken und ebenfalls unterrühren. Soviel Mehl hinzufügen, daß der Teig nicht mehr klebt. Zu einer dicken Rolle formen und über Nacht kühl stellen.
Zum Anrichten die Rolle in dünne Scheiben schneiden.

Bananenspieße

2 Bananen / 50 g Erdnüsse / 3 EL Honig

Bananen längs vierteln, Erdnüsse hacken. Die Bananenviertel in Honig tauchen, anschließend in den Erdnüssen wälzen.

Gefüllte Datteln

12 Datteln / 2 EL Erdnußbutter (siehe S. 95) /
12 Walnußhälften

Datteln halbieren und entsteinen. Die Hälften mit Erdnußbutter bestreichen, Walnußhälften daraufsetzen und die Datteln wieder zuklappen.

Feigenbällchen

20 getrocknete Feigen / 50 g Rosinen /
75 g gemahlene Haselnüsse / 50 g Erdnüsse /
6 EL Erdnußbutter (siehe S. 95)

Feigen und Rosinen sehr fein hacken. Haselnüsse unterrühren. Soviel Erdnußbutter unterrühren, bis ein geschmeidiger Teig entsteht.

Aus dem Teig mit den Händen walnußgroße Bällchen formen.Die Erdnüsse grob hacken und die Bällchen darin wälzen.

Zitronenbrot

*3 Tassen Weizenvollkornmehl / 1/2 Tasse Honig /
1 Tasse Zitronensaft / 1/2 Tasse Schlagsahne*

Mehl in eine Schüssel geben. Honig, Zitronensaft und Sahne in einer zweiten Schüssel miteinander mischen, dann in das Mehl geben. Alles zu einem festen Teig verkneten.
Die Masse auf einem bemehlten Backbrett ausrollen und Plätzchen ausstechen oder zu einer Rolle formen und später in Scheiben schneiden.
Zugedeckt kühlstellen und fest werden lassen.

Sprossenkonfekt

*1 Tasse Weizensprossen / 1 Tasse Rosinen /
1 Tasse Sonnenblumenkerne / 1 EL Honig / Kokosraspeln*

Sprossen und Rosinen sehr fein hacken, Sonnenblumenkerne mahlen und unterrühren. Im Mixer gründlich miteinander vermengen. Honig unterrühren und aus der Masse kleine Bällchen formen. In Kokosraspeln wälzen und auf einem Teller anrichten.

Frischkäsebällchen

1 Tasse Weizensprossen / 1 Tasse Rosinen /
1 Tasse gemahlene Walnüsse / 100 g Frischkäse

Sprossen und Rosinen sehr fein hacken und Walnüsse unterrühren. Soviel Frischkäse hinzufügen, daß ein formbarer Kloß entsteht. Kleine Bällchen formen. Gekühlt servieren.

Apfelkaltschale

4 Äpfel / 1 EL Zitronensaft / 5 Datteln / 250 g Joghurt /
50 g Haselnüsse

Äpfel mit der Schale raspeln. In eine Schüssel geben und mit Zitronensaft beträufeln. Datteln entsteinen, feinhacken und dazugeben. Joghurt untermischen. Nüsse hacken und die Kaltschale damit garnieren.

Früchtekuchen

1 Tasse Korinthen / 1 Tasse Rosinen / 500 g Datteln / 500 g getrocknete Aprikosen / 1 Orange / 2 Tassen Haselnüsse / 1 Tasse Mandeln / 1 Tasse Kokosraspeln / 1 TL Zimt / 1 EL Orangenschale / 3 EL Zitronensaft / 4 EL Honig / 3 EL Sesam

Korinthen, Rosinen, Datteln und Aprikosen 15 Minuten in warmem Wasser einweichen. Abtropfen lassen und sehr fein hacken. Orange würfeln und hinzufügen.
Nüsse und Mandeln hacken und mit den Kokosraspeln zu den Früchten geben. Zimt, Orangenschale und Zitronensaft zufügen, Honig einrühren.
Die Masse in eine Kastenform füllen, mit Sesam bestreuen und kühl stellen.
Zugedeckt im Kühlschrank aufbewahrt hält sich der Früchtekuchen einige Wochen. Immer gekühlt aufschneiden.

Getränke

Carob-Bananen-Milch

1/2 Banane / 3 Tassen Milch / 1 TL Honig / 1 EL Carobpulver

Die Banane zerdrücken und mit der Milch im Mixer schaumig rühren. Honig und Carobpulver dazugeben und nochmals gut verrühren.

Würziger Saft

1/2 l Apfelsaft / 2 EL Honig / 3 Zitronenscheiben / 6 Gewürznelken / Muskat / 3 Zimtstangen

Apfelsaft in einen Krug schütten und den Honig unterrühren. Zitronenscheiben und Nelken dazugeben und eine Prise Muskat darüberreiben. Mindestens eine Stunde durchziehen lassen. Den Saft abseihen und auf vier Gläser verteilen. Mit je einer Zimtstange garniert servieren.

Dattel-Milch

1 Tasse Milch / 1 Tasse Joghurt / 12 Datteln / 1 EL gemahlene Mandeln

Milch und Joghurt miteinander verrühren. Die Datteln entkernen, kleinschneiden und in die Joghurtmilch geben. Mandeln hinzufügen, und alles gut im Mixer verrühren. Gut gekühlt servieren.

Honig-Eier-Punsch

3 Tassen Milch / 4 Eier / 3 EL Honig / Muskat

Milch, Eier und Honig verrühren und mit einer Prise Muskat würzen.

Zitronenlimo

*1 Tasse warmes Wasser / 3 EL Honig /
3 Tassen kaltes Wasser / 6 Zitronen / Minzezweige*

Das warme Wasser in eine Schüssel geben und den Honig darin auflösen, kaltes Wasser hinzufügen. Die Zitronen auspressen, von einer die Schale abreiben. Saft und Schale zu dem Wasser geben. Gut kühlen, abseihen und mit Minzezweigen garniert servieren.

Energiemilch

*2 Tassen Milch / 1/2 Tasse Weizenflocken / 1 TL Honig /
1 EL Tahin (Sesammus) / 1 Ei*

Alle Zutaten mit dem Mixer verrühren und sofort servieren.

Affen-Shake

1 Tasse Milch / 1 Tasse Joghurt /
1 EL Erdnußbutter (siehe S. 95) / 1 Banane

Milch, Joghurt und Erdnußbutter miteinander verrühren. Banane zerdrücken, dazugeben und nochmals gut durchrühren.

Nuß-Milch

2 Tassen Milch / 1/2 Tasse gemahlene Cashewkerne /
3 Bananen

Milch und Cashewkerne miteinander verrühren. Die Bananen zerdrücken, zu der Nußmilch geben und alles nochmals durchrühren. Sofort servieren.

Nuß-Vanille-Milch

3 Tassen Milch / 3 EL Erdnußbutter (siehe S. 95) / 1/2 Vanilleschote

Milch und Erdnußbutter miteinander verrühren. Die Vanilleschote auskratzen, das Mark in die Nuß-Milch geben und umrühren. Etwas durchziehen lassen.

Sommerfrische

1 Tasse Joghurt / 1 TL Honig / 2 Tassen Himbeeren

Alle Zutaten mit dem Mixer glatt rühren und in Henkelgläsern servieren.

Appetitanreger

*2 Tomaten / 1/2 kleine Zwiebel / 2 Tassen Milch /
1 EL Zitronensaft / Pfeffer / Paprika*

Die Tomaten überbrühen und enthäuten, die Zwiebel sehr fein hacken. Beides mit der Milch im Mixer gründlich verrühren. Zitronensaft hinzugeben, mit Pfeffer und Paprika würzen. Nochmal kurz umrühren und servieren.

Vanille-Trunk

*3 Tassen Joghurt / 4 Zitronen / 1 Vanilleschote /
Honig nach Geschmack*

Den Joghurt in eine Schüssel geben, die Zitronen auspressen, den Saft mit dem Joghurt verrühren. Die Vanilleschote auskratzen, das Mark ebenfalls unterrühren. Mit Honig süßen und vor dem Servieren etwas durchziehen lassen.

Gurken-Trunk

2 große Gurken / 2 EL Zitronensaft / 1/2 Avocado / Kefir

Die Gurken schälen und kleinscheiden. Zusammen mit dem Zitronensaft im Mixer pürieren, bis die Masse schön flüssig ist. Die Avocado zerdrücken, zu den Gurken geben und alles noch mal gut durchrühren. Kefir dazugeben, bis die gewünschte Konsistenz erreicht ist. Gut gekühlt servieren.

Rezept-Index

Andere Bücher aus dem pala-verlag

J. Grimm: **Brotaufstriche**
12,80 DM, ISBN: 3-923176-65-1

U. Rabe: **Kochen mit Hafer**
12,80 DM, ISBN: 3-923176-81-3

W. Hertling: **Kochen mit Hirse**
12,80 DM, ISBN: 3-923176-50-3

P. Schwenk: **Buchweizen**
12,80 DM, ISBN: 3-923176-64-3